西方心理学大师名著典藏系列

心理暗示力

[法] 埃米尔·库埃

张艳华 译

清华大学出版社
北京

内 容 简 介

心理暗示是人类心理方面的一种正常活动，主要是指在无对抗和批判的情况下，通过感官给予自己或他人心理暗示或刺激。值得注意的是：所有的心理暗示只有转变成自我暗示之后才起作用。因为自我暗示是意识思想的发生部分与潜意识的行动部分之间的沟通的媒介，它会告诉你注意什么、追求什么、致力于什么和怎样行动，因而能支配和影响你的行为，使你相信自己能感知到未知之事。库埃博士将教会你，如何正确利用自我暗示，才能使这种天赋的武器更有威力。

本书封面贴有清华大学出版社防伪标签，无标签者不得销售。
版权所有，侵权必究。举报：010-62782989，beiqinquan@tup.tsinghua.edu.cn。

图书在版编目(CIP)数据

心理暗示力/(美)埃米尔·库埃著；张艳华译. --北京：清华大学出版社，2017(2025.6 重印)
(西方心理学大师名著典藏系列)
ISBN 978-7-302-45859-3

Ⅰ.①心… Ⅱ.①埃…②张… Ⅲ.①自我暗示 Ⅳ.①B842.7

中国版本图书馆 CIP 数据核字(2016)第 295911 号

责任编辑：周　华
封面设计：张　静
责任校对：王凤芝
责任印制：刘　菲

出版发行：清华大学出版社
网　　址：https://www.tup.com.cn，https://www.wqxuetang.com
地　　址：北京清华大学学研大厦 A 座　　邮　编：100084
社 总 机：010-83470000
投稿与读者服务：010-62776969，c-service@tup.tsinghua.edu.cn
质量反馈：010-62772015，zhiliang@tup.tsinghua.edu.cn

印 装 者：涿州市般润文化传播有限公司
经　　销：全国新华书店
开　　本：170mm×240mm　印　张：12.25　字　数：144 千字
版　　次：2017 年 4 月第 1 版　印　次：2025 年 6 月第 12 次印刷
定　　价：35.00 元

产品编号：070161-01

丛书序：传承与发展

在近年来某些与心理学有关的普及读物中，在一些文艺作品、影视作品中，成功学、催眠术、读心术等似乎显得神乎其技，以至于心理学给普通大众的印象，往往与神秘、催眠、疗愈等相关，甚至有人以为心理学家自己本身都存在心理问题。且不论众人的观点是否正确，心理学所涉及的范围之广由此可见一斑。而实际上，各个心理学派或其创始人之间也存在着千丝万缕的联系。

心理学：漫长的过去，短暂的发展

心理学的发展有着漫长的过去，中国古代的思想家荀子、王充关于心灵的论述，古希腊哲学家柏拉图、亚里士多德关于心灵的论述，心理学曾作为哲学的一部分而存在，欧洲文艺复兴时期，英国的培根、霍布斯、洛克等人的学说都推动了心理学的发展，而心理学正式作为一门独立学科的形式发展的历史却很短。1879年，德国心理学家、实验心理学创始人威廉·冯特，在德国莱比锡大学创立了世界上第一个专门研究心理学的实验室，这一年被公认为心理学诞生之年，而将心理学作为一门独立的科学研究的冯特被公认为"心理学之父"。

19世纪末到20世纪50年代，西方心理学派林立，其中包括冯特和他的学生爱德华·铁钦纳所创立的构造主义,美国心理学家威廉·詹姆斯和约翰·杜威创立的机能主义,美国心理学家华生创立的行为主义,以及奥地利心理学家西格蒙德·弗洛伊德创立的精神分析学等。

孤独而多面的拓荒者西格蒙德·弗洛伊德

弗洛伊德(1856—1939),出生于捷克的犹太人,1873年进入维也纳大学学医,1881年获得医学博士学位。

1885年,他跟随法国解剖学与神经学专家让·马丁·沙可学习。沙可是神经学专家,现代神经病学的奠基人,歇斯底里现象的发现者。他关于癔症(歇斯底里症)的治疗成果对弗洛伊德的思想产生了重要影响,《弗洛伊德自传》中说:"和沙可在一起给我印象最深的,是他对癔症的最新研究,尤其是有一部分是我亲眼看到的。比方说,他证明了癔症现象的真实性及其合理性。他指出了癔症也常常发生在男人身上,并且以催眠暗示等方法引发歇斯底里性的麻痹和强直收缩,从而证明这种人为的癔症和自发性的症状发作,没有任何细节上的差异。沙可的许多教范,先是引起我和其他受教育者的惊奇,继而产生怀疑,使我们想办法去应用当时的学理以求证实他的学说,而他在处理这一类怀疑时,永远都是那么友善,那么有耐心。但是,他有时也是最武断的一个人。在一次类似的争论中,他(谈到理论时)评论说:'这不影响它的存在',此话在我脑子里留下了不可磨灭的印象。"弗洛伊德希望建立一个学说,以一般的界限概念为基础,而不是以解剖学上的事实作为划分歇斯底里麻痹症与身体各部分的感觉障碍症的根据。沙可虽然赞成,但实际上对精神疾病的进一步探索没多大兴趣,他对病理解剖学更感兴趣。于是1895年后弗洛伊德改用自己独创的精神分析法治疗精神疾病。

弗洛伊德的学说,比如俄狄浦斯情结,力比多压抑是造成精神病的原因,性欲始于儿童早期等,在很长时间里被拒于主流心理学流派之外,也被称为"非学院派心理学"。由于他将力比多作为很多心理现象原因的解释,而被批为"泛性论",他的学说遭到了众多质疑与非议。因此在《精神分析导论》里弗洛伊德的演讲中经常提到"有人会提出反对意见","反对者们认为"等。

面对批评者的质疑,面对各种非议,弗洛伊德也有愤怒的时候,他说:"经过二十五年的研究,我现在也算上了年纪,可以不客气地说,这些观察的工作都特别艰苦而且需要专心投入。我经常有这样的感觉,批评家们不愿意对我们理论的基础进行探讨,似乎这个理论只是来自于主观臆断,任谁都可以指摘,我无法容忍这种批评的态度。医生没有给予精神病人足够的关注,也没有用心倾听他们的讲述,所以不能作周密的观察而有所发现。我想借这个机会告诉大家,在这些讲演里,我将不再提起个人的批评。

"自从开始研究以来,我已经屡次修改了自己见解的要点,删减或增加内容,我都照实发表。然而这种坦白的态度换来的是什么结果呢?有些人不管我自己是否已经进行了修正,到现在仍然根据我过去的见解,提出批评。有些人则讽刺我善于变化,且诋毁我不值得信赖。经常修改自己观点的人自然会被看作是不值得信赖,因为他最后修正过的学说仍然不能保证完全正确。而坚持己见,不肯让步的人,又会被说成是固执而不虚心,事实难道不是这样的吗?面对这种矛盾的批评,我们只好坚持认定的观点,除此之外没有别的办法。这就是我所决定的态度,以后我仍然会根据新的经验来不断地修正自己的学说。但是我不认为自己的基本观点有必要现在就加以改变,希望将来也不用。"

战争,犹太人遭受迫害,社会整体的科学研究水平有限,主流学派的反对,自身病痛的折磨和精神上的焦虑等,在内忧外患的情况下,在条件有限的前提下,弗洛伊德继续在他"惊世骇俗"而显得另类的心理研究之路上前行,可以说他是一位在精神分析学领域孤独前行的拓荒者。他曾经的追随者们,后来都有了自己的主张,只有他一直在实践中不断修正自己的学说。弗洛伊德的著作中的主要创见来自他对自己和病人思想的探索,他甚至还对自己的梦进行过解析。1895年7月,他做了一个梦,是关于他所治疗的一位名叫"艾玛"的少妇的。他对自己的梦进行了残酷的自我检查,尽管梦的动机并不那么高尚的动机。因此关于精神分析学的基础,正如他自己所说:"不要把我所讲的精神分析的观点当作是一个凭空想象的观念。其实,这个观点是经验的结晶,这些经验有的来自直接的观察,有的来自于观察而得的结论。至于这些结论是否恰当可靠,那就要根据这个学科将来的发展来确定。"

第一次世界大战期间及战后,他不断修订和发展了自己的理论,提出了自恋,生的本能和死的本能,自我、本我和超我等重要的理论。

放在今天,弗洛伊德的学说没有过去那么难以接受,只不过理论是否过时,以及正确与否,在不同的人看来,仍然有不同见解。但至少读弗洛伊德的著作,了解他的思维方式、逻辑推理形式,甚至了解这位学者本身仍然是一件非常有趣的事情。比如,关于病人是否会关门这件事,弗洛伊德自有见解"我在候诊室和咨询室之间设置了一扇门,而咨询室里又有一扇门,而且还在室内铺上了地毯,这样布置的原因显而易见。当我允许病人从候诊室进来时,他们往往忘记了关门,有时还让两扇门都开着。每当出现这种情形,我就会老实不客气地请他或她回去把门关好,不管对方是一位绅士,还是一位时髦的女士。我这种举动当然会被误解为态度傲慢。但从普遍意义上来讲,我的做法确实是正确的。"他认为病人并不是偶然或者无意间忘记关门的,而且不关门这件事也不是无关紧要的,而是透露出了病人对医生所抱的态度:"他就像世上某些人一样,去拜见地位较高的人,一心想要见识一下他的派头。他可能先打电话问什么时候可以被接见,同时又渴望去问诊的人像欧洲战争时聚集在杂货店里的人一样众多。但是,当他进来看见一个空房间,而且布置得还很简陋时,不免深感失望。他认为医生太失礼了,不得不给予惩戒。所以,他将候诊室和咨询室之间的两扇门开着。他的意思是:'呸!这里现在没有别人,我敢说不管我在这里坐多久,都没有第二个人来。'如果我不在一开始就打击一下他的这个念头,那么他或许也会在谈话时抱着一种傲慢无礼的态度。"

再如,弗洛伊德曾经对达·芬奇的梦进行过解析,分析得非常精彩,不过由于对梦的主体误译而导致整篇解析没有太大参考价值,但研究者们反而由此对弗洛伊德本人更感兴趣,对他进行了解析。

20世纪20年代,弗洛伊德终于得到了更多的肯定,赢得了日益高涨的声誉。爱因斯坦给他写信说:"毫无疑问,你已经轻而易举地使那些具有怀疑思想的普通人获得一个独立的判断。迄今为止,我只能崇奉你的素有教养的思想的思辨力量,以及这一思想给这个时代的世界观所带来的巨大影响……"

阿德勒、荣格与弗洛伊德

弗洛伊德所创立的精神分析说,原本得到了阿尔弗雷德·阿德勒和卡尔·荣格的支持。1899年至1900年,同是医生的阿德勒与弗洛伊德结识,并成为好友。自1902年起,阿德勒成为弗洛伊德创立的精神分析学派核心成员之一,一直支持弗洛伊德的学说。后来二人思想产生了分歧,终于分道扬镳。

在《超越自卑》中,阿德勒讲述了与弗洛伊德观点的分歧:"弗洛伊德派对梦的解析已经在好几个方面超出了科学的范畴。比如,它假定白天的心理活动与晚上的心理活动之间存在差异,'有意识'与'无意识'相互对立,梦被赋予了一种特殊的与日常思维法则截然相反的法则。""弗洛伊德心理分析学说所缺少的是认识到个性的一贯性,以及个体所有思想、行为及言语的统一性,这是心理学这门科学的首项基本条件。""从科学的角度看,做梦的人与醒着的人其实是同一个人,因此梦的目的也适用于这一连贯的个性。"

阿德勒最终创立了自己的学说——个体心理学,他强调"社会感",以"自卑感"和"创造性自我"为中心。他主张人应该认识到生命的三个局限,即环境局限(都生活在地球上),每个人都与周围的人息息相关,人类由两种性别构成。由此,生活面临着三大任务:职业、社会与性,而生命的真正意义则在于奉献,对他人感兴趣,与他人合作。当生命的意义出现了偏差时,主要原因是对同伴和社会不感兴趣,也就是缺乏社会感,缺乏合作精神。如果能够从一个人对生活风格的选择、他的心理对经历的解释方式、他对生命意义的见解等方面,通过他对身体和外界得到的信息所采取的行动,找到其见解的错误所在,而不是单独去治疗某个病症或心理的某一个方面,那么对于社会灭罪问题将是一大帮助。

而荣格自1907年发展与推广弗洛伊德的精神分析学说,时间长达6年。之后因为与弗洛伊德的理论思想产生了分歧,也脱离了精神分析学派的队伍,创立了人格分析心理学。在关于力比多的见解上,二人分歧较大。弗洛伊德认为力比多是精神病的生理成因,也是人类心理意识的主要动因;荣格则认为力比多是隐藏在精神后面的内驱力,在生命初期,它被用于饮食、排泄、性欲等需要上,而随着这些需求得到满足,它被用于更重要、更高尚的需要上。弗洛伊德认为无意识是人类精神生活中最基本、最普遍和最活跃的因素,是人类行为背后的内驱力,无意识与意识对抗,它由被遗忘的童年记忆、本能及遗传构成。而荣格则将无意识区分为了个人无意识和集体无意识,无意识的最重要部分不是来自个体的个人经历,而是源于全人类遥远的过去——集体无意识,集体无意识是荣格理论的核心。

埃米尔·库埃与弗洛伊德

弗洛伊德曾经说自己非常尊敬库埃先生,受到过他的理论的启发。相比之下,库埃先生在普通民众中的影响力要大得多,"走在大街上很少人知道弗洛伊德是谁,相反,很少有人不知道库埃博士,他的人气相当高"。埃米尔·库埃用他的暗示疗法,帮助了数以万计的人,其中不乏千里迢迢赶来的美国人。因此,他在前往美国演讲的时候,受到了美国民众的广泛欢迎,场景不亚于现今粉丝们的追星行动。库埃刚一到美国,就遇上了护送他下船的警察,还有大批接船的美国民众,众人拥挤在路边,目送他乘车前往住处。当然,他走到哪里都会引来媒体的跟随,在自由女神像下被数十位来自《圣报》的新闻记者团团围住,问个不停。

弗洛伊德与库埃在心理学领域的主攻方向虽然不一样,但二人确实有一些相似之处,例如,两个人都重视潜意识,潜意识是导致许多疾病产生的原因,当身体不堪重负时,潜意识就会发出逃避或休息指令,结果生病,暗示和自我暗示治疗的方法其实是要让它们进入潜意识,潜意识对身体发出指令,从而起到疗愈作用;精神分析认为潜意识才是人的本质,人的活动是受到潜意识支配的,梦、口误等背后都隐含着潜意识的意义。又如,二人都非常重视实践,库埃的学说用他自己的话来说,很简单,没有什么理论,他的方法反复在强调的都是一句话"每一天,在每一个方面,我正在变得越来越好";而弗洛伊德的精神分析说也是来自精神治疗临床实践。再如,二人原本都研究、使用过催眠术,后来都因为催眠术的实际效用有限,而放弃了催眠术。

1882年,布洛伊尔给弗洛伊德讲述了用催眠术对一位癔症患者进行治疗的过程,这位病人就是著名的安娜·欧小姐。尽管布洛伊尔在催眠状态下,用谈话疗法治好了她的症状,但她却又产生了新的症状,甚至对医生产生了"移情",布洛伊尔只好放弃。为了进一步研究催眠术及其治疗机制,弗洛伊德于1889年夏天带着一位病人到法国南锡,向那里的催眠术大师们求教。尽管伯恩海姆的催眠实验给弗洛伊德带来了极大震撼,但他带去的病人并没有被治好。伯恩海姆的几次催眠疗法治疗,效果都不好。在随后的治疗实践和研究中,弗洛伊德认识到催眠术对于治疗精神疾病有明显的局限性。这种局限性表现在两个方面:一是有些病人不容易被催眠;二是通过催眠治疗病人,有时一种症状消失了,却又出现一种新的症状。也就是说催眠法往往不能使病症根除。随着对催眠术局限性的认识,弗洛伊德逐渐放弃了催眠术,他曾说,真正的精神分析,始于放弃催眠术。但这种放弃并不是对催眠术彻底否定,而是一种超越。库埃最初学习的也是催眠术,还实践了很多年,后来逐渐放弃了,转而采用暗示法。

正所谓千人千面,同样的事物会给不同的人留下不同的印象,有人重实用,有人重理论,为了将最原汁原味的心理学经典著作呈现在读者面前,本系列不对心理学做任何评介,也不做任何解读,仅挑选现代心理学的经典著作,供读者评阅,采撷自己所需要的内容。具体包括弗洛伊德的《自我与本我》《超越唯乐原则》,勒庞的《乌合之众》,库勒的《暗示与自我暗示》等,这些经典之作值得一读再读。弗洛伊德曾评价《乌合之众》:"勒庞的这本书是当之无愧的名著,他极为精致地描述了集体心态。"

目 录

第一章　惊人的潜能，天赋的力量 / 1
　　暗示，人类最原始的"本能" / 1
　　意志总是屈服于想象 / 3
　　暗示须变成自我暗示 / 7
　　自我暗示每天都在发生 / 8
　　自我暗示所创造的"奇迹" / 12
　　想象控制着意志 / 16
　　疾病的背后都有心理因素 / 18
　　我们是潜意识的奴隶，也是主人 / 20
　　暗示是潜意识活动的关键 / 24
　　心理素质与身体素质同样重要 / 26
　　不良的暗示是犯罪的诱因 / 28
　　改变青少年的恶习，可以借助于暗示 / 29
　　自我暗示对社会的影响 / 30
　　潜意识很容易控制 / 33
　　暗示最忌紧张 / 36
　　梦想可以成真 / 38
　　自我暗示实录 / 41
　　积极的自我暗示意味着肯定自我 / 47
　　自我暗示的治愈机制 / 50
　　针对每种疾病的专门暗示法 / 54
　　暗示疗法实例 / 64
　　四个简单的试验 / 81
　　暗示者可采取的步骤与方法 / 85

暗示疗法的特效 / 89
　　对幼儿暗示的方式 / 93
　　治疗笔记 / 97
　　意外收获 / 110

第二章　暗示在教育中的作用 / 114
　　胎教是有效而有必要的 / 114
　　负面暗示毁人不浅 / 115
　　被肯定的孩子更自信 / 117
　　给孩子灌输积极暗示的方法 / 118

第三章　想象的力量是万能的 / 125
　　治愈你的是你自己，而不是我 / 125
　　在美国访问时的演讲 / 129

第四章　暗示疗法的要素 / 141
　　理想的暗示环境 / 141
　　信念的力量 / 142
　　引导病人树立坚定的信念 / 143
　　不把病人看作病人 / 146
　　疗效要靠坚持 / 149

附录1　怎样进行暗示 / 153
附录2　自我暗示的要素 / 162
　　自我暗示就是内心独白 / 162
　　自我暗示的要点 / 163
　　自我暗示的话语 / 166
　　怎样使自我暗示更成功 / 168
　　潜意识的六大特征 / 171

后记　被称为"神"的人——埃米尔·库埃 / 173

第一章
惊人的潜能，天赋的力量

每个人出生时，都自带一种工具，它被称为"自我暗示"。自我暗示是大自然赐予我们的惊人潜能，有着超凡而巨大的潜能，它能制造最好的结果，也能制造最坏的结果。谁掌握了它的秘密，谁就有希望在人类能力所及的范围里无所不能。

暗示，人类最原始的"本能"

暗示，尤其是自我暗示，既新鲜又古老。它听起来像个新课题，实际上却与我们生活的这个世界一样古老。自从有人类以来，暗示的方法就一直存在。尽管人们始终没有放弃过对它的研究，但很多人对它的理解却是错误的。

事实上，每个人出生的时候，都带着与生俱来的一种工具，工具的名字叫作"自我暗示"。它有着超凡的力量，难以估量的潜能，它能带来最好的结果，也能制造出最严重的恶果。

掌握自我暗示的秘密，我们将获益匪浅。因此，我们每一个人，尤其是医生、法官、律师和教育工作者等专业人士，都有必要了解自我暗示的力量。而对于那些从事医疗、法律和教育等事业的人群来说，掌握自我暗示的内容，可以说是他们必备的知识。

那么,怎样做才能自如地使用"暗示"这种古老的力量呢？简单来说,有两大要点,首先,千万不要"引发"那些有害的自我暗示,否则后果相当严重,甚至有可能造成灾难；其次,要自觉地运用那些有益的暗示。对于生病的人来说,有益的自我暗示能帮助他们的身体恢复健康；而对于那些精神病患者、犯了错误的人以及"无意识的受害者"来说,有益的自我暗示有助于他们心理健康的恢复；而对于那些心理倾向不正常的人来说,有益的自我暗示能够指引他们走上一条正确的道路。

自我暗示往往是在不自觉的情况下发生的,我们只有了解了存在于人类身上的两种特性,才能准确地理解这种暗示现象。人类身上的这两种特性虽然都是才智的体现,但又是截然不同的,一种是有意识的,而另一种则是潜意识的。

人们常常忽视潜意识的存在,但这并不意味着它不存在。只要多花点儿心思,认真研究检验某种现象,并加以思考,就很容易发现它的存在。我们举个实例来看一看,以梦游症为例,它是一种非常常见的现象,相信每个人都听说过。

有个人患有梦游症,晚上他在没有醒来的情况下,从床上爬起来,穿上衣服,他也可能干脆不穿衣服,然后走出他的房间。接下来,他还可能会下楼,穿过走廊,完成某种行为,或者做完某项工作,最后返回他的房间,上床继续睡觉。第二天,当他发现自己前一天没有做完的工作已经完成了的时候,他会感到非常惊讶,因为他不知道是谁完成的。

梦游中所有的行为、举动都是在他完全没有意识到的状态下完成的,如果指挥他的身体行动的不是潜意识,也就是他的"非自觉",那么这种现象根本无从解释。

现在,我们再来看看另一个例子：有一个喝醉了酒的家伙,发酒疯,他的大脑似乎完全被疯狂的念头控制了。他捡起了离他最近的武器,不管是小刀、木槌,还是斧头,只要是他随手能抓到的任何东西都可以,然后暴虐地袭击那些靠近他的人。等他发泄完了,脑子清醒了,理智恢复了,看到周围混乱不堪甚至惨烈的现场,他会惊恐地注视着这一切,却完全没有意识到,他自己就是制造这种场面的罪魁祸首。

那些连当事人自己都没办法解释的举动,难道不是因为受到了潜意识的支配吗?

我们将意识的与潜意识的两种行为进行比较,就会发现,意识的回忆往往都不可信。相反,潜意识的记忆却近乎完美,甚至连那些最琐碎的事情都没有疏漏,在我们眼里丝毫不重要的行为都没有被抛弃,让人觉得不可思议。此外,对于被告知的任何信息,潜意识往往都会毫无理性地选择相信与接受。由于潜意识对大脑所支配的一切器官的功能都负有责任,所以它会导致一种意想不到的结果的产生。如果它怀疑某个器官运转正常或不正常,那么这个器官的运转就会真的变得正常或者不正常;如果它认为我们应该有某种感觉,那么我们就会真切地感受到这种感觉。

我们所有器官的正常运转都受到了潜意识的控制,同时,无论我们行为的内容是什么,都会受到潜意识的支配。这就是我们所说的想象。它不仅不接受任何判断,而且更为重要的是,当想象与意志相对立时,它甚至常常指挥我们采取行动以对抗我们的意志。

意志总是屈服于想象

翻开词典,查找"意志"一词,我们会看到它的定义是这样的:"自由地决定某种行为的能力。"我们认为这个定义是完全正确的、权威的,因而接受了它。实际上,它却与这种解释完全不符。我们以意志的能力为自豪,然而它却常常屈服于想象,这是一条绝对的规则,从无例外。

我这么说,可能有人马上会表示反对,认为我是在亵渎"意志",但我要说:"我没有一丁点儿亵渎的意思,相反,我所提出的是最纯粹的真理!"

如果你不相信,请睁开双眼,看看你的周围,试着去解读你所能看到的一切。你就会发现,我所说的并不是一个脑子不正常的人作出的毫无价值的推测,而是事实。

我们来假设一个实验的场景:在地面上放一块长9米、宽0.3米的厚木板,然后让参与实验者从上面走过。显然,每个人都可以从这块木板的一头走到另一头,而且他们一定会全程都在木板上,绝对不会走到木板以外的地方。如果我们改变这个实验的环境,把这块木板放在与教堂的塔楼一样高的地方,那么还有谁能够独自在这个狭窄的通道上前进几米?可能在上面迈出两步,你的腿就会开始不由自主地发抖,就算你所有的意志都在工作,最后你还是会摔到地面上。

为什么木板被放在地面上的时候,人不会掉下来,而当它被升到一定高度时,人就会摔下去?原因只有一个——想象的作用。第一个场景在人的想象中,危险性很低,因此任何一个人都可以轻松地走到木板的另一头。而在第二个场景中,大部分人会想象自己做不到,所以最后果然没能做到。

有一点需要指出,一个人的意志实际没有能力使他前进,如果他认为自己做不到,那么就没有可能做到。如果瓦工和木匠可能完成这项壮举,那是因为他们想象自己能够完成。

在第二个场景中,站在木板上的人之所以会感到头晕,完全是因为想象作用在他的大脑中绘制了一个他即将倒下的画面。因此,尽管人的意志一直在努力克服这种想象,但这幅画面还是很快就变成了现实。而且,意志的努力越强烈,事与愿违的结果出现得就会越快。

其实有一个很常见的例子,就发生在我们身边,甚至每个人都有可能遇到:一个人失眠了,如果他不努力让自己入睡,那么他躺在床上尽管睡不着,但心里会很平静。相反,如果他试图通过意志强迫使自己入睡,那么他的意志越是努力,他就越发睡不着,而且心里也会越发烦躁。

有时候,当你忘记了某个人的名字时,越是希望能够记起来,就越想不起来,直到将脑子里的"我已经忘记了"的念头转换成"我马上就能想起来",那么不需要任何努力,这个名字就会自动地出现在你的脑海里。

如果你会骑自行车,回顾一下学骑车的时候的体验,相信你不会忘记:手握着车把向前骑的时候,总是害怕会摔倒。突然,瞥见路上有一个极小的障碍物,想要绕开它。然而,你越是努力想要绕开它,就越容易撞上去,直到最后连人带车都倒下为止。

还有,谁都有过无法控制住大笑的经历,但越是努力想要控制它,反而会笑得越厉害。

在这些不同的场景中,每个人的意识状态都是怎样的呢?他们会想到:

"我不想摔倒,可是我无法控制";

"我想睡觉,却始终睡不着";

"我想记起某某夫人的名字,只是想不起来";

"我想绕过那个障碍物,但是绕不开";

"我想停止大笑,然而做不到"。

就像我们所看到的那样,在上述的每一组冲突中,想象总是毫无例外地打败了意志。

我们再来看看与以上例子相同的实例,在战场上,如果带头冲在最前面的是军队的首领,那么在他的带领下,这支部队往往就能取得作战胜利。而如果首领高喊着"每个人只代表自己",那么这支部队往往就会被打败。为什么会出现这样的结果?因为在第一种情形中,士兵们会想象"我们只能前进,而且必须前进";而在第二种情形中,士兵们会想象"如果被打败了,一定要赶紧逃命"。

这就是想象的作用。有一个与商人同船的人很清楚这些实例的影响力。他打算向乘坐在同一条船上的一个商人报仇,于是他买下商人最大的一只绵羊,然后把它扔进了海里。他确信商人的整个羊群都会跟随着这只羊跳下去,果然如他所料,他成功地达到了目的。

人类与绵羊有着某种相似性,我们常常会在不知不觉中,受到某种无法抗拒的力量的驱使,去模仿别人的做法,并且想象着:"别无他法,我们只能选择这样做。"

类似的例子举不胜举,这里有一个我们无法回避的事实,即想象的力量是巨大的,或者换句话说,在非自觉地与意志斗争的过程中,非自觉有着巨大的力量。

有一些酒鬼想戒酒,却戒不掉。如果有人问他们,他们会非常诚恳地回答说,自己也希望能够保持头脑清醒,讨厌喝得酩酊大醉,他们也非常清楚喝酒给自身带来的危害,然而,他们还是无法抗拒地受到某种力量的驱使而去喝酒。也就是说,这种力量战胜了他们的意志。

同样的情形也发生在罪犯的身上,尽管有一些罪犯是故意犯罪的,但如果有人问他为什么这样做时,他回答:"有一种力量驱使着我,它比我自身的力量更加强大,我完全控制不了自己。"

醉汉和罪犯的例子都阐述了一个事实:他们认为自己都是被迫做那

些事的,因为他们觉得自己没有力量控制住自己不去这样做。

所以说,我们相信自己的意志,并相信自己有自由地做任何事的可能。其实我们每个人都只不过是一个木偶,身上所有的拉绳都被想象抓在手里。除非我们已经懂得怎样去支配自己的想象,才能最终结束这种木偶的生涯。

暗示须变成自我暗示

讲到这里,我们不难明白,想象就像是一条湍急的河流,尽管那些在河里挣扎的不幸的遇难者竭尽全力想回到岸上,却还是被激流吞没。水流的力量如此强大,看起来好像势不可当,无法被征服,但我们如果能在它奔流的途中改变它的方向,把它引向工厂,那么它就可以转化成动能、热能、电能。想象的力量如果能够得到合适的引导,也会变成一股为我们所用的有利力量。

同样的道理,想象就像一匹没有被驯服的烈马,如果骑手没有给它套上笼头,也没有套上缰绳,那么除了任由这匹马自由地驰骋外,根本拿它没办法。相反,如果骑手能够成功地给马套上笼头,局面就会被扭转。这匹马不再任性地自由驰骋,而是变成了骑手可以驾驭的驯良坐骑。我们必须像驯服一匹烈马一样,控制想象,让它为我们所用,最终摆脱被想象摆布的命运。

至此,一直被看作不可征服的潜意识或想象的存在,其实是"自我",它的力量如此强大,但只要我们掌握住两种工具,暗示与自我暗示,就可以很容易地学会控制并驾驭它们。这两个工具经常被使用,但又经常遭到误解。

那么，什么是暗示呢？我们可以这样认为，暗示是"把一种思想强加给另一个人的大脑的行为"。但是，真的存在这种行为吗？答案是否定的。暗示本身并不是以实体形式存在的，或者说它并不是真正存在的。将暗示转换为自我暗示是一个前提，如果没有这个必要条件的存在，那么暗示既不存在也不可能存在。自我暗示可以被看作"一个人对自身进行的思想灌输"。

其他人可以给予某人暗示，但如果这个人的潜意识不接受这种暗示，他的潜意识只是将这种暗示转化成了自我暗示，似乎并没有领悟它，那么就不会产生任何结果。我偶尔也会给予那些平时很听话的人一些或多或少的暗示，但结果都很不成功。原因在于，这些被试验者的潜意识拒绝接受我的暗示，也没有把我的暗示转化成自我暗示。

自我暗示每天都在发生

再来看看前面提到过的一个结论，我们可以像引导一条湍急的河流或驯服一匹烈马一样，比较容易地控制并引导我们的想象。但是，要达到控制的效果，我们必须做到两点：首先，明确地肯定它是可行的，然而这一点几乎被所有人都忽略了；其次，确定需要通过什么样的方式才能实现它。

其实这个方式很简单，自从来到这世间，自我暗示的作用几乎每天都在我们每个人的身上发生。自我暗示是在无意中被我们利用的，我们几乎从来没有意识到它的存在或者了解过它。然而，遗憾的是，我们常常错误地运用自我暗示，以致对自身造成伤害。

运用自我暗示的关键，就是将通常情况下我们无意之中的自我暗示转变为有意识地进行自我暗示。具体的步骤包括：仔细在头脑中盘算一下自我暗示的对象，它们需要我们给出肯定或否定的回答，集中精力地重复几次这些答案，比如"这件事临近了"，"这件事将会结束"，"这件事即将发生"，"这件事将不会发生"，等等。这里提到的事情必须是我们力所能及的。如果我们的潜意识接受了这个暗示，并将它转换成自我暗示，那么这件事或者这些事就会成为现实。

我认为，自我暗示可以理解成一种催眠术。我用一些简单的词来给它下了个定义：暗示是想象给人类精神与生理带来的影响。上述例子证明这种影响的存在是不可否认的，我还可以提供一些其他的例子来证明。

如果我们能够让自己有做成某件事情的自信，并且确保这件事极有可能做到，那么不管这件事有多么难以实现，我们都能做得到。相反，如果在想象中我们以为自己一件小事都做不好，而这件事是世界上最简单的事情，那么我们就真的不可能完成这件事。想象让我们把小山丘当成了无法攀登的高峰。

我们来看看一个神经衰弱患者的病况：他认为自己连最小的成绩都没有能力取得，如果我们仔细观察他的行为，常常会发现他只走了几步路就感到精疲力竭。就像一个陷入流沙中的不幸遇难者，越是拼命挣扎，就会陷得越深，他越是想努力改变自身的这种状况，就越是会变得消沉，心情沮丧。

同样的道理，如果我们意识到身体的某个地方疼痛，那么这种疼痛的感觉就会越来越强。但如果我们以为疼痛感即将消失，那么我们确实就会感到疼痛在逐渐消失。

我知道有这样一种情况，由于某种原因，有些人可能会预感到他们在某一天、某一种环境下将出现严重的头痛，结果他们所预感到的事实的确发生了,他们确实感觉到了头痛。就像那些通过自觉的自我暗示使自己痊愈了的情况一样,他们把疾病带给了自己。

我很清楚,一个人要是敢提出不被世人所接受的看法,或者是不适合被人们听到的思想,那么他在世人的眼里,就是个疯子。但是,就算要冒着这种不被世人认可的风险,我还是要说,某些人之所以在精神上和身体上患了疾病,原因就在于他们想象着自己的精神或身体上患了病。比如,某些人瘫痪了,实际上他们在生理上没有任何损伤,只不过因为他们想象自己瘫痪了。正是在这些人身上,自我暗示取得了意想不到的治疗效果。

身处在同样境况中的两个人,可能一个人觉得非常快乐,感到非常幸福;而另一个人觉得非常悲伤,感到不幸,原因只在于这两个人想象自己是幸福的,或者是不幸的。

神经衰弱、口吃、厌恶、偷窃成瘾,某些瘫痪的病情等,这些反常的现象都不过是潜意识的自我暗示的结果。换句话说,这些结果都是潜意识作用于人的生理和心理所造成的。

如果说我们的潜意识是许多疾病的来源,那么它同样也能治愈我们身体或精神上的疾病。这些可以被治愈的疾病中,有的病痛是潜意识造成的,也有的是切实存在的疾病。

我们来做个试验,自己一个人关在一间屋子里,坐在扶手椅上,闭上眼睛,集中精力思考,不要为任何事物所干扰,想象着"某个事物就要消失了"或者"某件事将要发生了"。这种暗示如果真的被我们自己接受了,也就是被我们的潜意识接纳了,那么就会产生一个令人惊讶的结果:心里想的事情真的发生了。这个结果是由自我暗示造成的,自我暗示的确存在,但却又没有被我们意识到。只有通过自我暗示所产生的影响,我们才能得知它们的存在。

此外,还有一点很重要,如果意志无法与想象达成一致,那么意志就一定不能为自我暗示所用。比如,如果一个人希望能将某件事变成现实,然而想象却说"你希望能使它成为现实,但它却不会如你所愿",结果他不但得不到自己想要的,而且还会引起相反的结果。

这一点对于精神疾病治疗结果的解释,非常重要。它能帮助我们理解,为什么在治疗精神上的疾病时,尽管意志一再被培养,但结果却总是无法令人满意。所以在进行自我暗示的过程中,必须要做的是训练想象。我的实验之所以能获得成功,关键之处就在于这个细节,而那些考虑周到、细致的人却总是失败。我的实验做得非常谨慎、仔细,而且每天都在继续。我从坚持了 20 年的实验案例中,总结出了规则,并作出了如下推论:

1. 在意志与想象的对抗中,获胜的一方总是想象,无一例外。

2. 当意志与想象产生冲突时,想象力与意志力的"平方"成正比。

3. 如果意志与想象相一致,那么意志与想象之间的关系不是等差相增而是等比相涨。

4. 想象可以被支配。

上面这些表述,从严格意义上来讲,并不精确,比如"与意志力的'平方'成正比"和"等比相涨"。我之所以选用这样的说明,只不过是为了使我的表述更清晰而已。

我认为每个人都不应该生病,无论哪一种疾病,它都能够屈服于想象。这种说法似乎很大胆,但却并不可靠。我不是说始终会屈服于想象,而是说可以,这两种说法的意思是不一样的。

但是,学会运用自觉的自我暗示,必须得到一定的指导。指导人们进行自觉的自我暗示,就像老师曾教学生读、写及演奏钢琴一样。

正如前面已经说过的，我们每个人出生的时候就拥有了自我暗示这种工具。像一个婴儿在摆弄他的拨浪鼓，我们一生都在无意识的情况下非自觉地使用着自我暗示。但如果我们试图有意识地控制它，那么这个工具也可能会变得非常危险。如果我们非常随意地，或者是无意识地操纵它，那么它就会伤害到我们，甚至给我们带来毁灭性的灾难。相反，如果我们掌握了自觉使用它的技巧，那么它就有可能会挽救我们的生命。为了描述自我暗示，我们可以借用伊索在《伊索寓言》中对舌头的描述作比，"它是世界上最好的东西，也是世界上最坏的东西"。

虽然人们可以通过利用自觉的自我暗示而获益，但我不得不说，有两种人例外，他们很难唤起自觉的自我暗示。这两种人分别是：大脑存在缺陷的人，因为他们无法理解别人所说的话；主观上不愿意去理解别人的话的人。

自我暗示所创造的"奇迹"

自我暗示并不是因为受到某种启发，才会起作用，也不是经过仔细考虑后才会产生。它完全是自发产生的，就像茹尔丹先生曾说过的"不自觉地出口成章"一样。我们通常都意识不到自我暗示在起作用，只有认识到它的发生机制，并掌握了该怎样更好地利用它为我们服务时，我们才会突然意识到原来它一直存在，而且在生活中有着重要作用。

为了更好地理解自我暗示的发生机制，我们来看看日常生活中一个很常见的现象。比如，呼吸行为是自发的，但是我们却能够自主地调节呼吸的方式，学习呼吸技巧和进行呼吸训练都有助于身体健康——这就是自我暗示。只有认识到了自我暗示的力量，进而学会控制它，我们才有可能掌控自己的命运，成为自己的主人。

自我暗示的行为在婴儿时期就自发地产生了，为了说明这一点，我给大家看一个例子。一个新生婴儿在摇篮里啼哭，于是他（她）的妈妈马上把他（她）抱出来，直到他（她）安静下来，停止哭泣，妈妈才把他（她）又放回摇篮里。当孩子再次开始哭的时候，妈妈又把他（她）抱起来，他（她）暂时停止啼哭。如此反复，只有从摇篮里被抱出来之后，他（她）才会停止啼哭。

被妈妈抱在怀里，是婴儿的渴望，这个期望是无意识的。如果期望得到了满足，他（她）就停止啼哭；如果没有得到满足，他（她）会再次啼哭。在这种重复的过程中，这个缺乏意识的想法的婴儿逐渐学会了自发地自我暗示。当他（她）被抱在母亲怀里的时候，他或她的无意识的愿望得到了满足。如果婴儿的愿望没有得到满足，或者说被拒绝了，也就是说他（她）被一个人留在了摇篮里，那么他（她）的潜意识就会接受现实，知道哭已经不起作用了，所以也就不再费力啼哭。

从出生到死亡，自制力对于每个人来说都意味着健康。可以这么说，我们依靠自我暗示生活，我们的行为受到了潜意识的控制。值得庆幸的是，我们的理智可以引导潜意识。当然，要达到引导潜意识的目的，也必须像了解其他任何事情一样，首先必须学会该怎样使用自我暗示，进而完全控制。控制了自我暗示，也就意味着获得了自制力和健康。

所谓防患于未然，对于疾病，防重于治。健康的身体是建立在健康、积极的思想基础之上的。与完全不了解病因相比，只要我们思想积极、健康，就算偶尔染病，我们也有可能通过自我暗示来抵抗病魔入侵，防止病情进一步恶化，最终尽快摆脱疾病的困扰。

不知道大家有没有留意到一个真实的现象：日常生活中，如果我们冷静地处理各种常规事务,根本不在意疾病,不为疾病而感到担忧,那么传染病几乎无法进入我们的身体。相反,那些整天忧心忡忡、精神紧张的人,因为周围的人染病而感到惊恐,担心流行疾病会传染给自己,结果即便他们采取了很多预防措施,最后仍然有很大概率会被传染。

在巴黎医学院的记录里,有一个例子,让我们见识到了暗示力量的惊人之处:一位老妇人经历了一次外科手术,但效果并不好,她随时都有可能死去。而她的儿子两天后才能从印度赶回来。如果只靠医疗技术手段,她根本撑不到那个时候,于是医生采用了暗示的方法。医生告诉老妇人,她的身体正在恢复健康,第二天早上就能看到他的儿子。这个方法奏效了,老妇人相信了,她奇迹般地活了下来。直到两个星期之后,这个老妇人仍然活着。单从医学的角度来看,这简直是个奇迹。

还有一个同样不可思议的病例。几年前,在南锡市有位地位显赫的人,他患了鼻窦炎,备受病痛的折磨。在来找我看病之前,他已经做过11次手术,但是他的身体和精神都仍然饱受可怕病痛的折磨。他的身体极度虚弱,一点儿胃口都没有。这个可怜的病人,每天不分昼夜地遭受着头痛的折磨,无法入睡。大多数时候,他只能躺在沙发上,心里充满了绝望。

我承认,尽管他来找我治疗的时候,我对于能否治愈他并不抱希望,但仍然想试试暗示的方法,因此我尽量使他相信暗示的功效。

在前五六个疗程里,这位病人的病情似乎并没有明显的好转,但是我能够看出来,对于暗示理论的可靠性,他仍然充满信心。他告诉我,自己每天都利用潜意识的作用,依靠暗示治疗。突然有一天,他感到自己的病痛似乎减轻了一点儿,但还不是很确定。不过事实证明,他的感觉是正确的,他的病情的的确确在一天天地持续改善,直到有一天,他真的痊愈了。身体恢复了健康,鼻子不再像从前那样天天流脓了,工作也不再像过去一样感到特别疲倦了。

在赫诺德医生的诊所里曾经发现过一个集体自我暗示的病例,这个自我暗示多少带有自发的性质。

据说,当时有人刚发明了一种新型血清,声称这种血清能够治愈肺结核,并在赫诺德医生的诊所里,被用到了病人的身上。用药的结果让人很满意,这种血清的治疗效果非常好:接受注射的病人,咳嗽的程度减轻了,其他症状也消失了。然而,这种所谓的新型血清,只不过是一种以前在试验中没有奏效的普通药物,当所有病人在事后被告知实情时,幻想破灭了,之前的显著疗效很快消失了,并且原有的症状又重新出现了。

无论过去,还是现代,奇迹的说法一直都存在。我在上面所说的案例也被人们看作奇迹,但其实世界上并不存在奇迹这种东西,而这些事实其实是自我暗示的结果。大自然所赋予我们的自我暗示,有着惊人的力量。如果我们掌握了自我暗示的秘密,那么借助于它的力量,我们就能够在人类能力所及的范围内无所不能。所谓的"命由天定"和"各有宿命",都不过是错误的想象。因为与暗示的力量相比,它们都站不住脚,变得毫无意义。所以,尽管前进的道路上,外部环境和条件可能会阻挡我们的脚步,但我们根本不必在乎它们,毕竟命运的决定权掌握在我们自己手里。

"人的意志是不可战胜的",这是我们从小就被灌输了的思想,然而事实却正好相反,人的意志并不是不可战胜的。实际情形往往是,当想象与意志发生冲突时,获得胜利的总是想象。

通过控制潜意识,想象发挥了作用。因此,如果我们知道了控制潜意识的方法,那么潜意识就能支配我们的身体机能,并且按照我们的意愿行事。

想象控制着意志

学会自我暗示，并将它变成一种控制自己身体的方法，不是什么难事。不过在对自我暗示作用的实际操作进行解释之前，我们必须先讲讲想象的作用及主导地位。

就像前面已经讲过的，我们小时候听说的是"人的意志不可战胜"的思想，然而事实却正好相反，人的意志并不是不可战胜的。当想象与意志发生冲突时，获胜的总是想象。

比如，我们内心里认为不具备做某件事的能力，如果准备做这件事，我们的心里总是不停地在重复"我不行"，结果就真的做不到了，因为不能做某件事的意念使我们的意志力瘫痪了。

当想象符合我们的期望时，实现自我控制就成为可能。通过控制潜意识，想象可以发挥作用，因此，如果我们掌握了操纵潜意识的方法，那么我们的身体将会在自我潜意识的支配下，按照我们的愿望采取行动。

我认为，在自我暗示的过程中，除了在指引想象的最初阶段，意志行为并不需要被严格排除。它不过体现了意志的必要性或可取性，而所有的其他自我努力不但对自我暗示没有任何帮助，而且还会影响预期的结果。

恺撒、拿破仑等伟大的历史人物，不但具有坚强的意志，而且都具有丰富的想象力，因此而得到赞誉。精神中的某些信念，顽强的暗示，支配着他们的行为，使他们并没有被一般人难以想象的苦难所打倒，最终取得了常人难以企及的成就。当然，这并不是我们所要讨论的重点。

现在来说说我们的正题，这个问题被我的朋友查尔斯·鲍德恩称作

"转换努力法则"。如果一个人想要摆脱失眠的困扰,而决定尝试自我暗示的方法,那么除非他事先得到过警告,否则他会不停地对自己说:"我想睡觉,我快睡着了。"结果他不但没有睡着,反而把自己弄得筋疲力尽,因为哄自己入睡也是一件紧张的精神困苦,给睡眠造成了困扰。

事实上,这种努力已经实现了一种转换,违背了最初的暗示力量。结果,这个人在床上翻来覆去,无论如何都睡不着。暗示作用的发挥是独立的,不应该受到任何阻碍。我们的潜意识在经历了一些步骤之后,可以做出一些让人大吃一惊的事情,而这些步骤相当神秘。留心观察一下最普通的一些肢体动作,问问自己,这些动作是怎样完成的。当我们伸手端起桌子上的一杯水,或者从盒子里面取出一根香烟时,完成这套复杂的动作有着怎样的机制呢?没有人知道。虽然这种现象无法解释,但是我们知道,这些快速动作的完成,背后有着神经系统所传递的暗示命令。

"暗示"在生活中,时时存在

有关暗示的例子,我们可以从日常生活中找出成千上万出来。最能清楚阐述这个问题的是前面提到的帕斯卡所举的例子,因此我们不得不再次谈一谈。

把一块只有一只脚宽的木板放在地上,任何人都可以从上面走过去。但如果这块木板被放在了美国的摩天大楼之间,那么恐怕就没有人敢走了,因为走上去的结果很有可能是摔死。

尽管没有证据表明人可以获得意念力,不过有一个说明梦游的人可以毫发无损地做一些危险的事的生动的例子。比如,梦游的人可以沿着屋顶的边缘走动。这个时候要是他的朋友看到了一定会被吓得够呛,而如果这个梦游的人突然醒过来,那么他肯定会掉下来。

皮纳德博士的《长寿的哲学》一书中,也讲了一个例子:有一次晚宴进行到一半时，厨师突然冲进客厅，他说自己犯了一个大错，误把砒霜当作佐料放进了食物里！他一说完，马上有一部分客人感到身体疼痛，而且觉得恶心。当厨师更正说这只是一个玩笑，实际上并没有这事时，那些客人的症状很快就消失了。

为了证明意念或暗示能够对机体产生不可抗拒的影响，我已经举了很多例子。换句话说，正是意念或暗示的影响决定着我们的疾病、情绪和感知。意念或暗示既能对心理方面造成影响，也有可能涉及生理方面。因此，根据逻辑推理，我们可以得出结论，人之所以会生病，是因为自身各部分的平衡被扰乱了。通过正确的意念或者暗示，可以对这些疾病进行治疗。

疾病的背后都有心理因素

无论什么性质的病情，背后都有心理因素，这一点对于医生很重要，也是我接下来要讲的内容。法国的一些卫生机构经过分析后认为，对于疾病的治愈起到作用的各种因素中，心理因素所占的比例为 40%～50%。如果一个病人常对自己说"我好多了"，那么他的治疗时间将大大缩短，而他的生命力也将得到大大的增强。

如果我们能够给予自己正面的暗示，那么就不难相信自我帮助是人的本性。通过潜意识，自我暗示得以显现，自我保护的本能就体现了自我帮助的本性。人在紧急情况下，会立即采取自救措施，这是自我帮助的本性在发生作用。比如，当手指或其他部位受伤时，自我潜意识会有神奇的表现，红血球马上涌向创口。我们的每一个动作，包括心脏的跳动和机体中每个细胞的细微颤动，都受到了潜意识的监视和支配。人的机体是一个精密的仪器，一些恶劣、混乱或者令人气馁的想法都很容易干扰它，因而不能顺畅而有效地工作。

印度托钵僧的故事广为流传，我们无从得知这些神奇的故事到底是传说还是确切存在的。但从理论上来分析，我认为他们确实应该做过一些不可思议的事情，因为他们小的时候就认识到自设的一些人人都有的、无形的力量，并且还使用过这种无法解释的、可以被思想唤醒的力量。

自我暗示的极限在哪里，这是一个我经常思考的问题，但始终都没有找到答案。直到今天，自我暗示的限度仍然是个未知数，至少在理论上，我不知道它的极限在哪里。我所看到的一些治愈的病例，实在让人感到惊奇，甚至让人难以相信。当然，我坚持认为，自我暗示解决不了机体以外的问题。举例来说，龙虾可以在必要的时候长出新的虾螯，但人如果奢望长出新的手臂或者腿脚，那这种想法实在是太荒唐了。

经过长时间的研究实践，部分人已经掌握了支配自己的身体官能的奇特力量。根据巴黎医学院的一项研究，证明有的人的确能够用意志的力量将心跳速度从90提高到120，也可以将心跳速度减慢到几乎停止的程度。

我将在后面的章节里谈到关于自我暗示治愈的疾病，以及自我暗示治愈的范围。伯恩海因曾经这样写道："暗示是一种意念，它可以转换为行为。"但我们的认识应该更进一步，意念就是一种行为，我们的机体是意念或暗示所塑造的，就像雕塑作品是雕刻家所雕琢的一样。

有一些自我暗示治愈了一些疑难杂症的病例，它们证明，自我暗示不仅对官能性的疾病有一定治疗效果，而且对于一些其他疗法治不好的疼痛和外伤也能达到治愈目的。卡尔诺特博士说过，"打胜仗的士兵的伤口要比打败仗的士兵的伤口好得快"。

我丝毫不怀疑这一点，恰当的自我暗示对于患任何疾病的病人来说，都有一定的改善病况的作用，即便他患的是绝症。

然而我们都是暗示的奴隶，扭转这种局面，按照自己的意愿来控制暗示，这就是自我暗示治疗疾病的原理。我们自身才是自我暗示这种非凡工具的主人。

我们是潜意识的奴隶，也是主人

我曾经希望自己的观点能给大家一点儿耳目一新的感觉，但实际上我的话却非常简单，甚至有些话根本无关紧要。尽管如此，它仍然将教给大家一种方法，一种保持机体和心理永远健康的方法，一种让人不愿意丢弃的方法。

如果你完全不了解自我暗示或者自我控制，那么你会认为自我暗示的道理很复杂。但其实与自我暗示相关的发现、创造其实非常简单、浅显，只要普及了每项发现、创造，即便是普通人也能了解了它的原理机制。我不是第一个发现自我暗示的，它像古老的山脉一样早已存在，只不过我们忘记了怎样去运用它。因此，现在我们有必要重新对它进行研究。

很久以前，人们就发现了一些自然的力量，掌握了利用它们的方法，并一直沿用。相同的情形发生在精神和心理领域，我们自身拥有一些超凡的力量，只不过它们被我们长期忽视，或者它们只在我们的意识里留有一点儿点儿模糊的印象，以至于我们早已忘记该怎样使用它们了。

早在中世纪，人们就认识到了自我意识的存在，并认识到思想、意念有着无可匹敌而深不可测的力量。这个世界的主宰是思想，而控制人本身的也是自身的意志。精神对身体有着强大的控制力，可以用它来解释暗示的作用。历史上那些有着非凡智慧的伟大思想家们，创造了人类理性的辉煌，他们发现，暗示作用既有好的一面，也有坏的一面。

托马斯曾经说过，对于机体来说，大脑的每一个意念都是一道命令。他还说，这种意念可以引发疾病，也能治愈疾病。托马斯的说法用来解释自我暗示再简单不过了。

我们知道，思想产生于大脑，大脑是神经系统的核心，而神经系统则在实际上控制着人的整个机体。换句话说，身体的每个细胞、每个组织和每一种功能都是由大脑或者思想控制的。由此看来，我们可以通过思想完全控制自己的身体机制，用中世纪思想家的话来说，就是思想或者暗示可以致病或者治病。

毕达哥拉斯和亚里士多德都曾教过自我暗示的原理。毕达哥拉斯对他的学生说："主拯救他们于苦难之中，并将他们所控制的超自然力指给他们。"

亚里士多德的学说更加明确地指出了这一点，他说道："行为的自然原理是，清晰的想象促使身体服从它。想象实际上控制着所有的感知力，感知力又控制着心脏的跳动，而且通过它激活所有的生命机能。所以整个机体状况是可以被思想改善的。但是，不管这个想象多么清晰，它都不可能改变一只手、一只脚或者其他器官的形态。"

我特别喜欢亚里士多德的这段话，因为其中包含了我所提出的自我暗示方法的两个重点，而且这两个重点是两条关键的原理：一是想象居于主导地位；二是自我暗示的期望结果必然受到机体的可能性的限制。这些要点，我以后再详细讲述。

很不幸，从古代传下来的伟大真理却被当成了神秘现象，人们认为它抽象难懂，无法接受它们。如果我能够用简单易于理解的言语，总结古老哲学的真谛以及生命的实质，并教会大家如何掌控和使用它，那么我一定会因为成千上万的病人被治愈而感到快乐。

每个人都是自己的主人，但却是暗示的奴隶。我不是医生，我只能教授其他人治疗他们自己的方法，告诉他们该怎样保持健康。

此外，我想告诉大家，自我暗示在什么范围内可以被使用是不受限制的。在自己身上使用适当的暗示方法，不仅能够控制和改善我们的身体机能，而且还能使身体机能向着期望的方向发展。举例来说，暗示在教育领域就有很大的可行性。

暗示似乎是万能的统治者，从生到死，它始终控制着我们，甚至决定着我们的目标，而我们不过是受到它操纵的工具。是时候扭转这种局面，按照自己的意愿来控制暗示了。使用自我暗示治疗疾病的原理也在于此。一旦掌握了暗示这种超凡的工具，那么在不违反自然法则和宇宙法则的前提下，我们将无所不能。

该怎样驾驭暗示呢？首先，我们必须完全掌握人的精神机制的构成要素。

意识和潜意识是构成人的精神性格的主要因素。通常情况下，人们认为，人自身的意识几乎是行为和力量的唯一来源，但是人们逐渐认识到，潜意识的作用更为强大。甚至，与潜意识的强大作用相比，意识的作用就像汪洋大海中的一个小岛，经不起狂风暴雨的考验。

潜意识控制着意识。潜意识是永恒的、超敏感的相片底片，事无巨细，想法不分大小，它能够记下一切，没有什么能够逃出它的视线。它的能力还远不止这些，它具有产生意念的神秘力量，并在行为的意识形中影响它的具体化。创作灵感也来源于潜意识。如果我们认为喜悦、悲伤和其他所有情感的出发点，以及疾病、健康的源头都存在于自身的潜意识中,那么从逻辑的角度来看,我们可以得出这样的推论:大脑中产生的每个意念都有实现的可能。换句话说,凡是我们想得到的,都有可能成为现实。

这一点在日常生活中已经得到了千万次事例的证实,比如意念对情绪的作用,如果我们曾经经历过一些可怕的事故或者见过一些恐怖的景象,再以此记起这些经历的时候,或多或少仍然会感到痛苦或恐惧。再举个简单的例子,想象自己正在吮吸一个酸而多汁的柠檬,由于对柠檬有着深刻的酸的印象,以至于只要想起它,嘴里马上就会分泌出很多唾液。原因很简单,这种意念刺激了我们的唾液腺,促使人分泌出口水,感觉就像真的在吃柠檬。如果我们想象有一支铅笔在石板上垂直划动,发出刺耳的刮擦声,那么我们就会不由自主地颤抖起来,脸部也会痉挛,收缩的神经把这种感觉从脑后沿着脊椎一直传递下去。这些现象都反映了潜意识不自觉的作用。

有一点我们必须清楚,人是统一的一个机体,生理和心理不能分离,身体与思维也不能分割。它们之间是相互依存的,是统一的。但与此同时,我们必须清楚:心理起着主导作用,它控制着我们的机体。所以,在潜意识中,依靠自己的意念,我们便能维持或者损害身体健康,实现或者远离想要达到的目标。也就是说,基于"心理起着主导作用"的原理,我们可以自由地将自己的期望和意念灌输给自我的潜意识,这些意念决定了我们身体、心理和精神的发展趋势,而自我的潜意识则源源不断地将健康的意念输入自我意识,它就像一台不会停止的录音机。我利用这个自然法则来说服那些进行自我暗示的病人,让他们确信结果,取得了事半功倍的效果。

暗示是潜意识活动的关键

潜意识是最为奇妙的一种人类意识,它无处不在,又使人类无所不能。有一个简单而常见的例子反映了潜意识的显著特征。

假如你在前一天晚上入睡前,打算第二天在某个特定的时间醒过来。这个预定的时间,可能是 2 点、3 点、4 点,也可能是 5 点或者 6 点,总之与平时起床的时间完全不同。结果第二天,你极大可能在预定的时间醒过来。即便你在飞机上,或者你所处的时区与平时的时区不同,也不会对结果造成太大影响。比如,你打算第二天 5 点醒来,睡觉的时候处于东部时区,但醒来的时候却在中部时区。尽管中部时间比东部时间慢一个小时,但你仍然会精确地在 5 点醒来,而不是 4 点。在你看来,你仍然待在东部地区 5 点的绝对时间里,不过新时区的 5 点却相当于东部时区的 6 点。

潜意识有着不可思议的认知和运转规律,当然它们必须得到适当的引导。比如,你希望第二天早上 6 点钟准时醒来,这个时间可能并不是你平常习惯的起床时间,但你的意识会发出强烈的暗示,这种暗示被潜意识所接受,结果根本不用借助于外力,你完全没有必要拿出手表说:"从现在开始 8 个小时后将是标准时间 5 点,我要在 5 点起床。"无论 2 个小时还是 5 个小时,8 分钟还是 800 分钟,到了预定的时间,你都会醒过来。不必靠外力,可以在预定的时间醒来,这当然要归功于潜意识的作用。

潜意识是人类最重要的天赋,但它也经常被误用、误导,并因此而伤害身体,后患无穷。所以,正确理解和应用潜意识是现代文明的首要任务。

如今我们掌握了各种奇妙的使用电能的方法,然而现在地球上的电能与一百多年前的电能并没有什么区别,只是那时候人们还不知道该怎样利用它。对于潜意识的能量的利用,也是这样的。我们现在开始明白并开始利用潜意识,只是有待于更深入全面的发展。

潜意识活动的关键点在于暗示。暗示是一种形成印象的方式,是思想、观点或引入潜意识的运转方式。潜意识创造出人存在的方式,以及生活的形象,就像完成建筑设计。

潜意识控制着人体细胞的组成、化学成分,以及身体中每个细胞的活动。完成潜意识中的模式,需要改变细胞化学成分微妙的震动。潜意识控制器官的方式是控制器官的每个细胞。因此,器官和系统是潜意识期望的需要。

适当的暗示,足以让潜意识知道它应该做的每一件事。一个人的潜意识会寻找适合他的环境,并引导他找到适合自己的职业。它还能帮助人选择合适的、能够带来无限幸福的人生伴侣。潜意识具有感知能力,因此它了解人类细胞新陈代谢,腺体分泌,血管、肌肉和神经活动性以及与人体健康相关的各方面的知识。只要加以切实的、正确的暗示指导,潜意识就能成为一剂良药,调节身体的不适。在某些案例中,病人的自我暗示或者他人施加的正确心理暗示,都会带来有益的变化,甚至帮助他彻底恢复健康。

人的身体机能完全被潜意识控制着,如果心理暗示能够改变潜意识的发展水平,那么我们要做的工作就是给病人提供适当的,有助于减轻以至于治愈疾病的建议。换句话说,如果把身体比作机器,那么潜意识就是控制程序。比如,吃东西只是出于本能,而食物的消化过程与我们自身没有什么关系。有一位隐身的"化学家",它知道从食物中能够获得哪些化学物质,而这些物质正是我们所需要的。在这位"化学家"的帮助下,我们吃进去的食物转化成了机体的组织，包括器官、肌肉与神经。这位隐身的"化学家"就是我们的潜意识。与它一样默默无闻却一刻不停地在工作的，还有我们的各项身体器官。比如心脏，它日复一日、年复一年地跳动，从来不受意识的控制，从不睡觉、从不疲劳、从不腻烦，它从来没忘记潜意识的控制。再如遍布身体各处的血液循环，从不罢工的呼吸器官，在潜意识监督下一直在工作的肝、肾和各类分泌腺等。肉体机器中的各项机能忙碌地工作中，其中的大部分类似功能都不容易被我们察觉到。

任何一位内科医生都有可能告诉我们这样的事情：一直考虑身体的某一部分，有可能加快那部分的血液供应，造成充血疼痛。通过神经中枢对器官直接发出信息或改变循环，指挥着机体的潜意识则会使某一部分发生多种形式的病变。

我们可以在生命活动中看到潜意识的工作，它不断地建立、修复、增长，提供养分、供养和调节身体，尽全力脱离不良状态。如果无法摆脱不良状态，那么潜意识就会尽力弱化它。生命是一条河流，潜意识是源头，源头没有受到污染，则生命之河畅通无阻。如果潜意识被注入了恐惧的毒瘤、不利的暗示和错误的信仰，那么生命之河将不再纯净。

人的品质可能因为长期的暗示而被改变。尽管每个人都有自我保护的本性，但通过教育或者暗示，也是可以改变的，比如每个年代都有很多具有自我牺牲精神的人。

心理素质与身体素质同样重要

前面已经讲过了自我暗示对身体健康的影响，接下来我们很有必要讨论一下自我暗示与社会道德之间的关系。

早在几千年前，一位智者就曾说过："只有从小教育孩子走正道，他长大以后才不会脱离正轨。"无论是过去还是现在，这句话都绝对没错。这位智者说的"教育"所指的，难道不是将某种暗示注入孩子的思想吗？好的暗示，或是坏的暗示，都对孩子今后的品行起到决定作用。

我先讲讲暗示和自我暗示对于社会的重要性，而关于科学合理地教育孩子的问题将在后面的篇章中详细讨论。心理健康不但对个人的生理健康有着极为重要的影响，而且对社会公共道德的进步有着促进作用。也就是说，自我暗示在社会进步的事业中扮演着相当重要的角色，影响巨大。

自我暗示能够帮助我们解除身体上的病痛，同时还能帮助我们克服人的本性中的一些先天就存在或者后天形成的缺点。我们的智慧因为自我暗示而得到增长，我们的判断力因为它而提高，那些难以被我们驾驭的思维，却能被它支配，它还能弥补我们的精神缺陷。

需要注意的是，自我暗示的方法不能被随便、胡乱地使用或普及。只有在符合个人需求和社会改革要求的前提下，清除了那些危害人们生理和心理健康的不良暗示之后，我们的世界才能完全摆脱那些病态的问题，比如疾病、忌恨和犯罪等，社会的发展也才能变得和谐。

对于个人来说，拥有良好的身体素质非常重要，这一点我们都知道，而对于一个国家来说，拥有身体健壮、意志坚强的年轻一代，同样十分重要，因为它事关国家的复兴。不过，在保证良好身体素质的基础上，也不能忽视了对健康的精神素质的培养。拥有积极健康的精神素质，我们将学会正确、理智地思考；认识到自己能做什么，应该做什么；我们将摆脱工作的奴役，成为工作的主人。提升精神素质，纠正道德层面的偏差，可以借助于暗示和自我暗示，就像生理机能帮我们对付身体上的病痛一样。

不是人人都可以当体育冠军，但每个人都可以通过适当的体育锻炼来提升肌肉的力量。同样的道理，不是人人都可以成为精神的领袖，道德的楷模，但每个人都能够通过有意识的培养而提高精神和道德层次，形成健康的人格。

自我暗示还有助于降低犯罪倾向。我认为，在降低犯罪率乃至消灭犯罪的过程中，自我暗示将会发挥越来越大的作用。在南锡的几个有不良习性的孩子身上，我曾试验过自己的方法，结果取得了良好的效果。这几个孩子小的时候就有犯罪倾向，后来被关进了少管所。遗憾的是，他们后来被送到了其他镇的劳教所，因此我没能继续自己的实验。不过，我的方法还是引起了相关部门的兴趣，我非常乐意为这项事业，为解决犯罪率飙升的问题作出贡献。

不良的暗示是犯罪的诱因

我们都知道，犯罪行为在一定程度上是具有"传染性"的。由于各种不良暗示在大范围内传播，产生了广泛的影响，从而造成严重后果，因此任何一个国家都在某个时期出现过犯罪高峰，或者发生流行性犯罪。比如，法国曾经发生过一起列车抢劫案，那次事件被报纸长篇累牍地报道。结果，具有同样犯罪手法的案件很快又一次发生，并且列车抢劫案在两个星期内居然发生了五六起。这种流行性犯罪行为就是由暗示引起的。

暗示可以引起自我暗示，为了说明暗示与自我暗示的力量，我们可以看看巴黎发生的一件奇怪的事。有一个疯狂的家伙，准备了一些能够引发人体局部炎症的液体，然后在干货店里用灌有这种液体的注射器扎了一位女士。这件事情被报纸报道后，第二天又发生了两三起类似的事件。

后来，又持续发生了很多起类似的事件，受害者多达几十人。这种制造"扎针"事件的犯罪分子增多，是由于暗示作用的影响。奇怪的是，一些女士明明没有被扎，却认为自己是"受害者"，还感觉到了刺痛。原因就在于，她们受到了自我暗示的影响，在想象中相信自己被扎了。类似流行性事件，在路易十五时代，也曾发生过。另一个由暗示引发的流行性犯罪的案例发生在17世纪，几个妇女被流氓剃光了头，同样的案件却在20年后再次发生。

电影院是一个人群密集的场所，也是一所"犯罪学校"，因为有的电影内容带有不良的暗示作用，对年轻人的思想造成负面影响。比如，尼克卡特型的电影就毁掉了我们国家的很多年轻人。

我们已经知道，暗示可能诱发犯罪，不过从逻辑的角度来看，暗示同样也能产生积极的影响，它也可以成为消灭犯罪的武器。暗示可以发挥教育少年的作用，并且影响他们的一生。同样，在少管所里，也可以将暗示用在那些走错了路的少年身上。通过集体练习，把暗示的种子播撒在每个人的心中，少管所里那些少年们如果接受了暗示的影响，极有可能走上正途。然后将已经改邪归正的孩子们与其他人分开，暗示的影响力将会因此而扩大，使得更多的孩子产生弃恶从善的心理需求。

改变青少年的恶习，可以借助于暗示

有人问我："恶习真的可以改掉吗？"我的回答是："通过长期的暗示，人的品质是可以改变的。"众所周知，人类最强大的本性是自我保护，但是，每个时代都有很多人具有自我牺牲精神。由此可见，自我保护的本性是可以被改变的，而人的品质也可以通过教育得到改变。从某种意义上来讲,这里所说的"教育"就是暗示。

暗示能够唤起良好的意识,起到积极的作用。在其他领域,实践也证明了暗示的正面影响。成百上千的流浪汉因为暗示的作用而变成了品德高尚、作风正派的对社会有用的公民。由于年轻人思维敏捷、想象力丰富,易于接受新事物,因而他们更容易受到暗示的影响。如果能够持续将正确的观念灌输给他们,那么这些观念将逐渐进入他们的潜意识,引导他们的行为符合社会价值观。给予年轻人积极正确的暗示,使他们的行为向善,也是相关部门的义务。

自我暗示对社会的影响

自我暗示对社会将会产生怎样的影响,这是一个非常有意义的问题。

自我暗示的理论基础已经牢固地建立起来,这一点毋庸置疑,自我暗示的实际应用也因此而有了坚实的基础。随着自我暗示的原理越来越广泛地被大众,尤其是被医疗工作者所接受,它的应用必将越来越广泛。在自我暗示与医学相互抵触的情况下,我不能仍然固执地说自我暗示与医疗科学是完全协调的,也无法预言自我暗示这一工具在内科医生的手里,就一定会发展成为一种最有效的治疗手段。

心理学研究曾经在某一段时间里非常活跃。从公布的结果来看,当时在运用意识或者自我暗示来进行治疗的方法方面,遥遥领先的是夏赫高和著名的撒尔贝特希艾赫学院。在这场运动中,最具代表性的领军人物是南锡市的利保尔特和贝恩海恩。

随着唯物主义和宿命论的提出,心理学方面的研究被阻断了。在那之后的一段时期,心理学被纳入了怀疑论和唯物主义的范畴。思想仅仅被看作大脑的衍生物,而意识只是外部世界带给人的各种感觉的集合。这些观点将疾病产生的原因归咎于遗传作用,人类与遗传的产物作斗争根本就是徒劳的,因此疾病是不可治愈的。这种观念是对当今哲学观点的曲解,甚至连诗人都变得悲观。看起来,心理学似乎与哲学完全分离了。意识被当成结果,而不是原因。怀疑和悲观的情绪因此而开始在知识分子中盛行,他们又将这些负面的情绪传递给了普通大众。

在现实生活中,抽象的哲学理论也常被用于病人的治疗,并很快就引起反响。法国思想家亨利·伯格逊和其他学者通过努力,创造了一个崭新的哲学流派,它更为健全。它揭示了历来为我们所忽视的自我意志,以及自我意志所拥有的惊人的自然力量。这个哲学新学派的普遍的、抽象的观点里,揭示了潜意识的力量,我想提醒大家重点注意的是,任何人都有能力利用这种力量为自己的身体和精神健康服务。在亨利等人之后的其他学者,也在继续着这项工作。

我认为,这个哲学新学派的观点为实践哲学奠定了基础,而实践哲学在医疗领域有着显著的用途。现在我们重新认识了人脑的力量,不得不承认,人脑的力量比我们以为的更加强大。意识对于治疗身体上的疾病有着重要作用,这一点已经得到了证明。暗示和自我暗示治愈疾病,甚至治愈某些器质性疾病的实例是存在的。

随着自我暗示的原理被顺利运用于实验,它变得足够成熟,能够被普遍应用。自我暗示的治疗方法得到了迅速发展,以一群充满热情的医疗工作者、哲学家和专家为代表,支持自我暗示疗法的人,掀起了一场旨在要求公平的大规模科学运动。巴黎还成立了一所学院,专门教授和实践自我暗示疗法。我希望类似的机构能够在世界各地广泛成立。

在巴黎学院,负责教授和实践自我暗示疗法的是一些长期的教学队伍,他们由一群受过专门训练的男女专家组成,包括心理学院的教授以及韦希奥博士,我的学生皮埃尔·瓦歇博士也是其中一员。他们通过实践和解说,传播与暗示相关的知识。自我暗示虽然看似神秘,但却是人人都拥有的一种力量,这些专家们的解释,能够帮助学生们学会控制自我暗示的力量,还能帮助患者学会利用暗示疗法使自己保持健康。

我相信,自我暗示将成为社会学和教育学一样的独立学科,并且作为一种实践性的科学,在医疗领域占有重要地位。与巴黎学院相似的研究机构的成立,对于潜意识的研究工作将会产生极大的推动作用,从而让人们了解并掌握潜意识的惊人力量。

目前,应用心理学仍然有待进一步研究,发展前景广阔。借助于应用心理学,我们将彻底了解和掌握自身,控制我们与生俱来的能力,并将它运用于我们自身,促进性格、身体、智力和精神的全面发展。

应用心理学不仅会对个人产生影响,而且会借由个人自制能力的提高,将影响力扩大到整个社会,使整个社会都获益。医生曾经被称为"最后的魔法师",如果我们都能够利用自身潜在的巨大精神的力量和大脑的力量,那么我们会比魔法师强大得多。

有些智慧不被信任,或者因为人类的愚昧而被忽视了,唤醒这些智慧正是应用心理学要达到的目的。暗示可以改善人的本性,唤醒人体内那股强大而崇高的力量,使人的精神和体质都得到升华,即身体机能得到改善,精神作用的机制得到强化,从而产生无法估量的影响。

每个人身上都存在这种力量,等待着我们去认识和发现。谁都无法确定,或许有一天,乌托邦的梦想真的会实现。或许有一天,我们掌握了使用暗示消灭罪恶和恶行的方法,于是监狱失去了存在的意义。如果真的有那一天,暗示的方法可以使智商发展偏低的儿童变得正常,通过改变那些任性而刚愎自用的人的潜意识，使他们变成善良的人，变成对社会有用的公民。

只不过人们目前对暗示的知识了解得太少，没有意识到自我暗示在医疗和教育领域的应用，带给个人和社会的巨大利益。但是，随着暗示知识的传播，这种现象将得到改善。相信在不久的将来，这门新的科学在心理学、社会学和医学研究中一定会发挥重要的作用。

在大洋彼岸的美国，自我暗示的研究和实践更进一步，它的发展也比在欧洲迅速得多。我不太清楚为什么会有这样的区别，但有一点很确定，我曾经给大量美国公民看过病。他们不远千里，穿过大西洋来到南锡市找我，没有丝毫犹豫。在美国的时候，我发现自己有大批追随者，他们对自我暗示疗法非常感兴趣，并成为一股强大的力量，热心地帮助我宣传和推广。这些热心的追随者围绕在我的周围，我的内心充满希望，期待在这个新的世界里，这门科学的发展比在我的祖国有着更广阔的前景。

如果我们用自主的意识来照料各种器官功能，比如呼吸、消化等，那么肯定会把事情弄得一团糟。而相比我们自己，潜意识更了解我们的身体组织，这实在是一件非常幸运的事情。

负责这项复杂工作的终究是潜意识，如果潜意识的工作没做好，使我们生了病，那责任不在它，而在我们自己，因为是我们打乱了它的工作。

潜意识很容易控制

在对自我暗示的理论进行过解释之后，读者们肯定非常关心该怎样实践。我们知道，身体机制由我们自身的潜意识支配，它服从每个暗示的命令。无论暗示的性质是什么，身体机制都会将接收到的指令传导到身体的各个组成部分。身体的相应组成部分会立刻作出反应。如果这个过程没能顺利完成,那么唯一的原因就是意识干扰阻碍了它的实现。因此,我们必须清楚地了解控制潜意识的机制,或者说,必须弄清楚自我控制是什么,以及怎样进行自我控制。

自我暗示的方法本身相当简单,如果我们掌握了它,可能还会觉得它简单到不值一提。这就像某些看起来很复杂的问题,如果有一句话道出了问题的核心,或者说我们掌握了问题的实质,那么我们会忍不住要发笑,因为解决方法实在是太简单了。不仅如此,自我暗示的原理和方法其实是符合逻辑的,因为我们随时都有机会看到它的功效。

自我暗示有一个步骤非常必要,即保持心理处于被动的状态,暂停主观的意识分析,然后在潜意识中注入自己想要实现的愿望的意念或者暗示。有一点不能忘记,那就是潜意识永远处于清醒状态。

将暗示注入潜意识的做法,看起来似乎很幼稚。具体做法是,每天晚上入睡前,躺在被窝里,放松自己,意识逐渐开始模糊,这个时候轻声而清楚地重复某句注入了潜意识内容的话,比如,"每一天,在每一个方面,我正做得越来越好"。声音不用太大,自己能听到就可以了。每次重复这句话二十遍,或者更多,就像做祷告一样。僧侣们念经时会不自觉地拨动佛珠,避免计数分散注意力,我们也可以学习他们的做法,只不过珠串要换成一根打着结的绳子,通过移动绳结来计数。这个方法虽然简单,但只要我们愿意尝试,就有可能支配自我暗示这种不可思议的力量。这个简单的暗示只要被注入神秘的自我潜意识中,很快就能转化成一股能动的、强大的力量。

举例来说,在古代,神谕的影响力不容置疑,古人知道只要重复某句话或是咒语,就能得到一种可怕而遭到禁忌的力量。这种力量可以用来保护共有或私有财产,惩戒那些违反规则的人。古老神谕的秘密,就在于暗示的应用。

利用自我暗示进行治疗的方法的确非常简单,既容易理解,也很容易被运用于实践。现代人的思维,与古代人思考神谕的方式是一样的,他们坚持把身体或心理疾病的治疗与复杂的理论和治疗过程联系在一起,但实际上,这种做法根本没必要。如果事情很容易办成,那么我们要做的就是实践自我暗示的治疗方法,而不是抱怨疾病,因为抱怨于事无补。

或许有些人可能疑惑,不知道为什么要将"每一天,在每一个方面,我正做得越来越好"这句话当作治疗各种疾病的惯用语,也不太相信这句普通而含糊的话,真的有那种让人称奇的功效。一个概括性的暗示"每一天每一个器官都会很健康",足以对各个器官产生影响,改善它们的功能。这似乎有些不合常理,但我们的潜意识确实并不需要太过详细的暗示。过去我长期的教学和试验工作,已经证实了这个理论。我曾见过很多实例,许多病人的主要疾病痊愈后,那些连他们自己都忽视了的小毛病也治愈了。

潜意识其实比我们自身更了解身体组织,所以用概括性的话语来暗示,比用特指的言辞效果更好。这对我们是好事,如果所有器官的功能,包括呼吸、消化等,都受控于我们的意识,并被它影响,那么结果一定会很糟糕。那么,这项复杂的工作到底是由谁来负责的呢?潜意识!还是那句话,如果潜意识没把这项工作做好,那么原因一定在我们自身,我们妨碍了它的工作。

人体是一个有机的整体,每个器官之间都有着密切联系,而且在某种程度上是相互依存的。如果一位普通男士或者女士命令自身的潜意识修复某个器官的功能,那么潜意识一定会服从他(她)的命令。如果一个人根本不了解这一点，纯粹只用意识控制某个器官，那么一定会影响机体的和谐与整体性。只有完全不懂生理学的人才会这样做。

暗示最忌紧张

"每一天，在每一方面，我正做得越来越好"，在重复这句已经习惯了的暗示语时，我们不能集中思想或者注意力，而必须处于完全放松的状态。尽管集中思想对于意识行为是非常有价值和有必要的，但是却会形成对自我暗示的阻碍，这种阻碍有可能是致命的。虽然要放松，但也要尽量避免因为周围的情况而造成注意力过于分散，所以必须把自己完全隔离起来。

自我暗示的治疗方法，不一定要在特定的场所进行。有的人可以不受周围环境的影响，即便在喧闹的人群中或者在拥挤的公共汽车上，也能使自己的心理处于隔绝状态；有的人需要闭上眼睛，使自己与周围的环境暂时隔绝开来。自我暗示也不一定要在夜间进行，只要心态平和，白天也同样可以进行自我暗示。

我始终坚持，为了避免因为单调重复而产生厌倦，就必须保持心平气和以及内心安详的状态。还有一点需要注意，就是别人给予的暗示是一种强加的意识，强加的结果是在潜意识和暗示之间设置了一道障碍，妨碍暗示进入潜意识。

前面我说过，在进行自我暗示时，使用简单概括性的句子效果更好，尽管如此，但我并不反对使用特指的语句。相反，在帮助病人消除疼痛、恢复功能紊乱、减轻症状等特定情形下，都可以使用特指暗示。

对于消除疼痛的问题，我采取的办法是，在用手快速而轻柔地摩擦痛处的同时，低声而快速地反复说"没事了（ca passé）"。重复这个过程几分钟，疼痛感就会消失，至少是减轻了。之所以快速重复"没事了"，是因为如果说得太清楚或太慢，可能会引出与我们的暗示无关的杂念，或者产生与暗示相反的念头。这些杂念会妨碍暗示进入潜意识。我建议说英语的人重复这句法语"ca passé"，比起英语句子"It is passing"或者"It is going"，这句法语念起来更快、更简单。同时，它也能帮助潜意识避开惯性意识的干扰，从而高效地工作。

饱受失眠痛苦的病人，该怎样利用自我暗示来改善失眠症状，快速入睡呢？首先，舒服地躺在床上，然后平静而缓慢地重复说："我就要睡着了，我就要睡着了。"声音要尽量低。注意，不要有任何强迫自己入睡的想法。实际上，低声重复这句话有催眠的作用，而根据转换努力法则，越是强迫自己入睡，反倒会因为反意念而保持清醒。失眠症证明了一个事实：使用意志力只会带来负面影响，结果只会更容易睡不着。

有口吃的人、缺乏自信的人和瘫痪者，使用自我暗示治疗方法，也能取得同样的疗效。以口吃为例，它并不是器质性病变，造成说话结巴的原因，就在于患者害怕说话结巴，或者他脑子里有"会变成结巴"的意念。如果能暗示自己"我不是结巴"，然后顺畅地说出 10 个词，那么在说第 11 个词时，就没有理由再结巴了，口吃的毛病自然也就治愈了。我曾经见过一个实例，一个说话结巴的人，运用自我暗示的方法，只一次就告别了口吃的痛苦。当然，他能这么快就取得疗效也是非常罕见的。

同样，其他比如神经过敏、畏惧、自卑等因为错误、非本性的暗示而引发的症状，或者更糟糕的焦虑症等，都能借助于自我暗示的力量解决。因为这些糟糕的情况而遭受痛苦的人，在利用自我暗示治疗时，可以反复对自己说："我不紧张，我很自信，我一切都好。"

自我暗示有抚平情绪的作用。在情绪激动时，比如很生气的状态下，可以低声对自己说"我很平静"，重复很多遍，情绪就会逐渐平复，怒气平息了，心情也恢复正常了。

有的瘫痪者，他们的肢体病症明明已经治愈了，却仍然不能走路。原因并不在于身体器官的疾病，而在于病人的意识。尽管肢体的损伤已经痊愈，但由于病人在生病期间已经很久没有使用过肢体，所以他不习惯使用。如果病人确信自身生理性的疾病已经痊愈，那么使用暗示的方法，有助于消除意识层面的障碍。比如，病人可以反复对自己说："我可以走路了，我能够活动了。"这样做，是为了将暗示注入潜意识，潜意识的影响是非常惊人的，只要暗示能被注入潜意识，反作用暗示的影响也会同样大。因此，瘫痪便能轻易被治愈了。

梦想可以成真

总的来说，我所做的一切实验，证明了两个事实：一个是，我们输入头脑中的每一种合理的观念最终都将变成事实；另一个是，想象才是人类的第一特质，这一点与我们通常以为的意志是人类的第一特质相反。

我可以用几句话来解释什么是自我暗示，不过接下来我将用一些实验来演示两件事。

第一件事，我们存入意识中的观点是什么并不重要，因为每个人都有自己的问题，而且看待问题的视角也是不一样的。让10个不同的人去看同一个问题，结果会产生10种不同的观点。打个比方，在对一个犯罪事件进行庭审的时候，如果有30个证人出现在证人席，那么我们将听到30种不同的理由，因为大家会从不同的方面来看待这件事。换句话说，一个人可能把它看成白的，而对另一个人来说，它就可能是黑的。由此更进一步，我们头脑中的每一个观点，都有可能变成事实。当然，前提是这些被纳入头脑中的观点有事实基础。如果一个失去了一条腿的人，幻想重新长出一条新的腿来，那么这种观点是没有机会可以实现的。

举例来说，晚上睡觉的时候，你在想"我不睡觉"，结果你可能真的睡不着。而那些睡眠质量很好的人，则是准备好好睡觉的人。同样的道理，如果一个人认为自己便秘了，结果他一定会患上便秘症。他以为自己一定要吃某种药，否则就没办法正常排便。而我们给他一种药，告诉他这是从大黄中提取药物成分制成的药丸，能够治愈他的病症。在他不知情的情况下，他的便秘确实痊愈了。而实际上，这种所谓的"药丸"是淀粉和面球的合成物，只不过它们有着与真正的泻药一样的外形。而如果我们把给病人注射蒸馏水的注射剂，告诉他那是能够帮助他减轻病痛的吗啡，那么病人在不知情的情况下，的确会感觉到病痛减轻了。一个人只要想自己一定会摔倒，那么他就会真的摔倒。而那些不害怕倒下的人，则不会摔倒。

我举这些例子，只是想要告诉大家，脑子里的想法，只要在合理的范围内，也就是说有事实基础，那么它们都有可能实现。就像我们将输入脑中的观点变成现实一样，如果我们脑子里一直想自己的生理方面的疾病或者其他病症能够治愈，那么它真的有可能痊愈。

第二件事，人类的第一特质不是意志，而是想象。

"人定胜天"的豪言壮语，时常有人提起，人们常以为凭借人的意志可以做任何事情。但我想说的是"事实并不是这样的"，当意志与想象之间发生冲突时，我们不但无法做成所期待的事，还会得到与期待完全相反的结果。我将用实例来证明这一点。

比如,晚上睡不着的时候,根本没必要强迫自己入睡,而只要静静地躺在床上,心情平静,自然能睡着。然而,你如果在床上翻来覆去,努力想要睡着,因为睡不着而抱怨、诅咒,脑子里想的都是"我想睡觉,但是我睡不着",结果不但无法入睡,还会变得情绪激动。也就是得到了与选择相反的结果,这也是产生失眠症的原因。

还有一个在生活中比较常见的例子,你忘了某人的名字,告诉自己"我要记起某人的名字,但我已经忘了,想不起来了",结果你真的想不起来。如果你对自己说:"我要想起某人的名字",于是你意识中"我已经忘记了"的想法自然就变成了"我将要想起来"。之后,在某次交谈中,你可能突然有了灵感,记起了这个人的名字:"啊!我要说的就是某某夫人。"

有时候,我们会止不住大笑,越是想要控制它,停止大笑,反而越发控制不住,笑得更加厉害。这个时候,我们脑子里的想法往往是:"我想停止笑,但是我做不到!"再如,一个刚学骑自行车的人,发现远处有一个障碍物,一块石头或者一条狗,然后他对自己说无论前面是什么,都不会撞上去。于是,他紧张地握住车把手,小心翼翼地想要绕过障碍物。然而,他越是努力想避开障碍,反而越容易撞上去!这个时候,他脑子里只有一个想法:"我想要避开那个障碍物,但是我避不开。"

口吃的人,努力想要正常地讲话,结果反而更结巴。如果他对自己说:"我必须很顺畅地说'再见'。"那么他会发现,口吃的表现更加厉害,就算他一连试了10次,10次都无法成功,反而一次不如一次。这个时候,他的意识是:"我说话将不再结巴,但是我做不到!"

举出以上事实,是为了再次证明我的观点:当意志与想象发生冲突的时候,我们不仅无法完成期望的事,反而会得到与期待相反的结果。

每个人身上都有两个个体,即意识和无意识。意识是我们知道或认为自己知道的；而无意识，或者潜意识，我们也可以称它为想象，则在意识的背后。一直以来，无意识都被我们忽略了。事实上，无意识才是支配我们的力量，忽略它是非常错误的。如果我们能够想办法支配无意识，就像它指导我们一样，那么我们将能够指导自己。

打个比方，你准备坐一辆四轮马车外出，拉车的是一匹马。然而，出发的时候，你犯了一个错误——忘了给马套上缰绳。如果你用鞭子轻轻地在这匹马身上抽一下，说一声："驾！"它就开始走，但是它要去什么地方，往左走，往右走，往前还是退后？它可能去任何地方，而且会把坐在马车上的你带到任何它想要去的地方。而如果你能想办法给这匹马戴上缰绳，那么你就能驾驭它，指引它去任何你希望去的地方，到达你的目的地。

以上所述并不是我个人的发明，而是一些客观存在的现象。理解这些问题，需要观察与实验。

自我暗示实录

实验一：想象可以变成现实

我要求一位参与实验的小姐在自己的脑海里制造出意志和想象之间的冲突，也就是她要对自己说："我希望做某件事，但是我做不到！"我对这位小姐说："现在，这位小姐，你能做一下这个实验吗？我希望你尽可能地握紧自己的双手，直到它们开始颤抖，使出你全部的力气，我想看看。"

接着这位年轻的姑娘在我面前伸出了自己的双手，然后将它们交叉在一起，用力握紧，直到它们开始颤抖。

我对她说："现在请对你自己说：'我要分开我的双手，但是我分不开！我的手握得越来越紧，越来越紧。'"

于是,姑娘的手指交叉得更紧了,她的双手颤抖着,把所有的精力都集中在了正在做的事情上面。

我又对她说:"你的双手一直被锁在一起,不管你怎样努力,越是试图分开它们,反而越会使它们锁得更紧。现在你要对自己说'我能分开它们'。"

姑娘的双手果然开始放松,自然垂了下来。

也许听起来很荒唐,但只要想象着某件事情将会变成事实,那么它就一定会实现。其实,相比之下,想象着自己不能打开双手,对自己说"我做不到",于是就真的打不开双手,这才是最荒唐的事情。

有位病人说自己理解了我的意思,他认为要想治愈病情,只需要想象着"我将会痊愈"。而实际上,他根本没有理解我的意思。当一个人对自己说"我将变好"的时候,他其实站在了期望的反方向。潜意识很可能会告诉他:"你将会变好,是吗?我的朋友,你可以继续抱着这种希望。"一个人如果给自己的意志下达命令,那么站在相反方向的潜意识却在反抗。所以要想实现期望,就不要说"我将变好",而要说"我正在不断地变好"。

实验二:希望做到,却要想"做不到"

有病人告诉我说,所有的专家都告诉他必须培养自己的意志,而我想说的是,这些专家的说法都是错误的。

一位失眠的病人,正在接受失眠治疗,他告诉我:"伯恩海姆的一个医生也告诉我要使用意志。他用了一年半的时间来试图使我入睡,结果却没有任何效果,我的病症仍然没有治好。他对我说:'你的病永远都治不好,这是你的宿命,你必须忍受并安于此状,学会承受你的苦难。'"

我告诉这位神经衰弱的病人,有位患者的失眠症持续了35年,直到不久前,他的症状才得以改善,终于能够入睡了。

他说:"今天早晨我一直睡到6点。醒来的时候,我还以为是昨天晚上11点!当时我想着,又要度过另一个不眠之夜了。然而我听到了街道上的吵闹声,这才发现已经是早晨了!"

我决定给这位先生做一个实验,就像前面那位年轻的姑娘所做过的一样。我告诉他:"先生,你已经看到了那位小姐是怎样做实验的,现在请你伸出你的双手来做同样的一个实验。我相信你是一位很好的示范者,也请你伸出胳膊,将双手紧握在一起。"

这位先生并没有理解这个实验的意思,导致他不能将自己的双手合拢。不过这种现象却并没有让我感到意外。

我告诉病人:"我要求这位先生像其他很多人一样,以为自己完全依赖于自我的意志,但他却不知道该怎样进入这样一种思想状态。这个实验通常是不会成功的。先生,在做这个实验的时候,你必须对自己说:'我做不到,做不到,做不到。'而且你必须快速、大声地重复这句话。在重复这句话的同时,试着松开你的双手。如果你真的在想自己做不到,那么你将无法松开双手。我似乎总是对的,就算我说的看起来像错的。这件事之所以会发生,并不是因为我说了,而是因为你的脑子里有这种想法!我想要证明的是,你的思想在固化。当你想象某件事情必须去做的时候,千万不要独自做这个实验,因为你只有进入了我所要求的那种思想状态,这个实验才有可能成功。如果一个人不知道该怎样思考,甚至给予自己的思想错误的指导时,我会教他通过快速的重复'不能,不能'来引导他的思想,一定要快速重复,直到他没办法想'我能'。关于这一点,先生你可能并不是非常相信。但是你的笑容却告诉我,你已经注意到我所说的话的重要性。不要试图独自去做这个实验,因为通常情况下,你无法进入一种正确的思想状态,这个实验最终会失败,你将因此而失去信心。"

实验三：一切合理的想法都变成了现实

我与一个孩子和一个年轻人做了一些实验。

我对一个孩子说："用你的手指夹住这支钢笔，并对自己说：'我想让它掉下来，但是我做不到。'"

这个孩子拿起钢笔，他用手指夹住了笔，一边想着'我做不到'，一边试图让钢笔落下来。然而他越是这样想，就越做不到，反而把笔夹得更紧了。然后我要求他努力想象自己可以做到。他这样想了，钢笔很快掉到了地上。

我对一个年轻人说："站起来，年轻人，请你试着对站在那边的小伙子的头部打上一拳，同时你要对自己说：'我想要打中他，但是我做不到。'那么你就一定做不到，就好像有一个帘子隔在你们中间，阻挡你的拳头碰到他的头。"

我认为，我们输入头脑中的一切想法，只要是在合理的范围内的，经过我们反复正确的想象作用下，都变成了现实。如果我们在 10 秒钟之内，用正确的方式想'我做不到'，时间快要到的时候，我们又用另一个想法"我能做到"替换"我做不到"，然后再重复第一种想法，到最后，我们会发现自己真的能够做到。

当你闭上眼睛，让自己的心情保持平静，不被周围的事物影响和干扰的时候，请把我所说的每一个字都深深地印在你的脑子里，让它们扎根于你的头脑，不受你的理智和意志的操控。事实上，在做这件事的时候，你应该处于无意识状态，你自身以及你的所有器官都要绝对地服从。因为我告诉你的一切，都是出于你自身利益的考虑，是为了帮助你们，相信你会更容易接受它们。

我要告诉你的是："从现在开始，你自身的所有器官的生理功能，尤其是至关重要的消化系统功能,都将得到改善。每天早上、中午、晚上,在正常的进餐时间,你将感到饥饿,愉快地进餐。不过我要提醒你注意,千万不要暴饮暴食。你要仔细而缓慢地咀嚼食物,直到它变成了一种软软的糊糊,再咽下去。做到了这一点,将有助于消化吸收,即便消化功能不是立刻得到改善,也会逐渐变得越来越正常。在这个过程之中,你绝不会感觉到任何不舒服、不顺畅,过去常犯的一些毛病,包括胃部的疼痛等,都会逐渐消失。

"如果你过去患有肠炎,那么你会发现情况正在逐渐好转。也就是说,肠炎将消失,与此同时,伴随着它的黏液或膜状物也会消失。平时有胃扩张症状的人,也会发现自己的胃功能状况逐渐变好了。胃部将会重新拥有已经失去的弹性和力量,它的大小将逐渐恢复到正常,蠕动越来更容易。食物能够顺畅地经过胃部,进入小肠,这对于肠道功能的保持和恢复也有极大益处。"我的这段话,对于那些有肝脏功能不太好,或者肠胃功能有问题的人来说,特别适用。

"消化功能得到了改善,吸收自然会变好,尤其是体质比较虚弱的人,吸收了食物中的营养,你们的机体状况会得到极大改善。这些营养物质可以补充你身体所需的能量,促进你的血液生成,肌肉生长,元气恢复,维持人的生命。你的身体会一天天变得强壮起来,过去的疲劳和虚弱一扫而空,你变得精力充沛,充满活力。患有贫血症的人,也会摆脱贫血的痛苦,拥有与健康人一样的血质,脸色也越来越好。"

我想要告诉那些饱受月经不调折磨的女性朋友们说:"从现在开始,你的月经周期将会逐渐变得正常,间隔周期28天,每次持续4天,时间不长也不短,量不太多也不太少。不论经前、经期,还是经后,你都不会感到疼痛,你的肾、胃、头或者身体任何其他部位,都不会有不舒服的感觉。而且,你也不会再经历这一时期常见的所有神经质兴奋。事实上,我所说的这种疗法,从本质上来讲,只是恢复我们与生俱来的身体功能,使机体正常运转,并且这种方法不会造成任何负面影响。"

我要告诉便秘的患者:"在正常情况下,消化和吸收功能也会自然地趋于正常,你每天都会有规律地排便。排便正常是身体健康的一个表现,这一点很重要,所以必须重点提出。不管是明天,还是后天,每天早晨你一起床,就会有一种强烈的排便欲望,然后在没有借助于任何药物或其他工具的情况下,你都很顺畅地排便。这个时间不固定,你也可以根据自己的喜好来选择,比如早餐 20 分钟以后。"

我还要告诉饱受失眠折磨的人:"今晚、明晚,以及将来的每一个晚上,只要你渴望入睡,就一定会很快睡着。不管你在什么地方,不管外面是刮风还是下雨,是无风无浪,还是天寒地冻,也不管气候是寒冷还是酷热,你都会酣然入睡。也许你会做梦,但一定不是噩梦,而是美梦,它不但不会扰乱你的心神,还会让你觉得心情很好。第二天早晨,你会在预期的时间内醒来,由于睡眠充足,得到了充分的休息,因此醒来的时候你会感到舒适、愉快。"

经过一段时间的自我暗示的治疗后,你的消化和吸收功能增强了,排泄恢复了正常,你的睡眠状况得到了极大的改善,这些感觉非常好,但与此同时,你可能仍然会处于神经紧张的状态。我要说,不必担心,这种紧张感将会消失,随之而来的是平静安定的感觉。你会发现,你在逐步掌控自己的生理和精神状态,过去那些给你带来烦恼的病症逐渐消失了,即便没有彻底消失,至少你也不会像以前那样经常生病。过去那些经常扰乱你心绪的一切不正常的感觉和恐慌,都在慢慢减轻并逐渐消失。

最后,我要提醒大家,每个人都应该意识到最基本,也是最重要的一点:"从现在开始,你对自己的怀疑和不信任感,将逐渐消失,你将对自己充满信心,越来越信任自己。"这一点值得再重复一遍,"你们将对自己充满信心"。有了自信,无论外界环境是怎样的,你都会完成任何你希望做到的事情,不管这件事是不是困难重重。无论什么时候,只要你想做的事情在合理的范围之内,你将它看作你天赋的任务,那么你应该相信它一定会成为现实,因为任何人希望获得生理上和心理上的健康都是合理的。而且借助于暗示的方法,你希望做到的事情也是很容易变成现实的。接着你要做的,就是把常常挂在嘴边的"太难了""不可能完成""我做不到""它的力量太强大,我太弱了""我难以忍受""我控制不住自己"之类的话,全都扔掉,从你的脑子里彻底清除它们。相信我,这些不是你的话语,你要做的是把这些消极的言论替换成"这很简单……我能做到",只有它才能帮助你创造奇迹。请相信这一点,你渴望做的事情其实很容易,也许它们在别人眼里很难,但对你来说,它们其实很简单。你能够在短时间内完美地处理好这些事情,而且它们丝毫没有让你觉得疲惫、费力,你的心情很愉快。记住,如果你以为它们很难完成,或者你根本不可能完成它们,那么你的想法也会变成现实,如你所想,你根本无法完成这些事情。

积极的自我暗示意味着肯定自我

不论想法,还是观点,还是工作模式的暗示,都是在我们的潜意识中形成的,并且它们都在潜意识中运转。所以,如果你希望保持健康,那么积极的自我暗示就一定会转入你的思想中,并渗透进你的思想,从而让你在最短的时间内达到健康水平。如果换一种做法,就算最后能实现同样的结果,达到同样的目的,也不可能在短时间内完成,反而需要花费更多的时间。

无论你是像鹦鹉学舌一样单纯地重复一个想法,还是你认为这个想法对于缩短康复的时间非常重要,所以不断地重复它,结果都可能改变你的思维流程。由此可见,通过自我暗示将自己能够恢复健康的信念深深植入意识中,才是最为安全、最有效的方法。

重复一个自我肯定的想法是一种良好而积极的心理暗示。比如,你可以不停地默念"每一天,我在每一个方面都变得越来越好",直到你感受到了这种自我肯定,并且牢牢地记住它。你越是对治疗充满信心,那么你的病就好得越快。如果你从一开始就不相信自己,那么当你对自己重复肯定时,感觉也不会太强烈。因此,你必须每天将自我肯定重复很多次,直到它成为你潜意识中的一部分。

使用自我肯定,要注意一个原则:给自己定位时,只需要涉及自己想得到的东西,比如健康,至于自己的本性、环境、事务、希望、家庭或朋友等方面则不必涉及。

肯定自我,始终都要相信自己希望得到的东西。比如,你希望得到健康,那么就应该肯定健康、感受健康、享受健康。然后重复,接着享受健康,健康地生活。

如果你期望拥有财富,那么你一定会拥有,享受富有的生活吧!如果你渴望拥有友情、爱情和快乐,那么就不停地想象并感受友情、爱情和快乐;呼吸着友情、爱情和快乐的味道;享受友情、爱情和快乐吧!

尽全力想象那些我们渴望的东西,比如成功、健康和快乐。正所谓,想要什么,才会有什么。有一点需要强调,无论你正在想什么,不管你是在漫无目的地想象,还是在机械地思考,你的想法都可以改变自身的精神和肉体之间的平衡。而积极的方式、坚定的意志,则可以加强自我肯定,并加快效果产生的进程。

布朗先生是一家神学院的院长,他经常对学生们说:"祷告、祷告、祷告,直到你们感到自己非常乐意祷告,然后因为喜欢,继续祷告。"其实,暗示的方式也是这样的,你对自己说:"我感觉很好!"不管你当时是否真的很好,都应该不停地对自己说"我感觉很好",直到你确实感觉很好,然后继续对自己说同样的话。

自我肯定能够使我们的精神状态朝着有利于机体健康的方向转变。你可以像这样反复告诉自己:"我很快乐!"因为快乐是精神状态的表现,而身体健康则是精神状态的外在反映。"我很快乐"的暗示能够帮助你保持快乐的心态,拒绝(注意,一定要拒绝)一切不愉快的情绪,比如悲伤、痛苦、害怕等。

事实上,如果你觉得自己病情严重,或者心里感觉很痛苦时,想要做到以上这些可能比较困难。但无论如何,试着进行自我肯定,一定好过抱怨。无论是活着,还是死去;不管是健康,还是生病,抑或是遭遇困境;也不论是快乐,还是悲伤,你完全可以自己决定选择的方式或状态,并且永远都有选择的权利。相比之下,难道自我肯定不算是一种更能带来快乐、更简单方便的方法吗?当自我肯定变成了习惯,一切都会变得很简单。比如,健康的思维习惯,能够轻易地让人保持健康。当反抗遇到了自我肯定,它会屈服、放弃,垂死挣扎。自我肯定带来的结果如此美妙,当你享受这结果时,你会发现,对于生命本身,自我肯定至关重要。

我曾经亲眼见识过自我暗示的神奇力量,它使那些被断定为无法治愈的患者的病况得到了极大改善,它甚至能让那些看起来非常荒谬的愿望变成现实。因此,我要说,在可能的范围内,自我暗示的力量是不可估量的。

自我暗示的治愈机制

我们来看看自我暗示被运用在疾病治疗过程中的一些具体情况。

在前面的章节里,我提到过:自我暗示的能量是无限的。在这里,我要再次强调这一点。我之所以这样说,是因为曾经观察过那种神奇的力量,那些被认为治不好的病人,因为运用了自我暗示,病情得到了极大改善,甚至连奢望都变成了现实。自我暗示不仅能对消除心理疾病有着重要作用,甚至还能治愈身体的器质性病变。

有的医生并没有深入思考过自我暗示的影响力问题,我提出自我暗示能够治愈身体的器质性病变,这种说法可能与他们关于这个问题的理论观点是相反的。但是,在法国和其他地方,大多数心理学方面的专家见识过事实的证明,所以他们是认可我的理论的。巴黎心理治疗学校的教授维切特博士,在用药物对患者进行治疗的同时,还将自我暗示和暗示作为辅助治疗方法,最近他用这种新方法治愈了一位患有胃溃疡的年轻女士。在治疗过程中,她照了 X 光,医生对她的诊断是正确的,并且建议她做外科手术。然而,药物治疗和其他治疗手段对这位病人却都无效,于是医生采用了暗示的方法对她进行了治疗,第一个星期,她就不再呕吐了,在两个月之内,这位病人就彻底痊愈了。

维切特博士还举了一个例子,这是他亲自治愈过的一个病例:一个年轻的女孩患有肛裂,而且她的第十根肋骨上长着一个瘤,并行持续了两年,她已经在床上躺了 3 个月。她发着高烧,整个健康状况都非常糟糕。博士对她使用了暗示治疗法,不出两个星期,她就恢复了健康,肿瘤完全消失,肛裂也彻底愈合。

在临床工作中，暗示治疗法即便不能完全治愈疾病，至少也能消除症状。我在工作中接触到了很多病患，其中有一个病人让我记忆犹新。那是一个患有心内膜炎的男孩，经过治疗后，虽然他没有彻底痊愈，但是，已经能像普通的健康人一样享受生活。

那时的情形是这样的：有一天，我的研究室的门被推开，一位父亲扶着他脸色苍白、身材弱小的儿子走了进来。小男孩斜靠在他父亲的身上，每走一步都要停顿一下，一边走一边痛苦地喘息。可怜的小家伙，刚开始我并没有把握能把他治好，但是，听他父亲解说了他的病情后，我相信暗示能给他一些帮助。

我拉住小男孩的手，给他解释自我暗示的力量，用了我平时在讲座中经常给听众们演示的方法。比如，我让他紧紧地握住自己的手，然后心里想着"我不能松手，我不能松手"，并且告诉自己不能把手松开。这个男孩接受了我的建议。他离开了我的研究室，充满了信心，并且保证每天都会重复我教给他的话，认真地练习自我暗示。

过了几个星期我再见到他时，他有了惊人的变化：走路没那么费劲了，呼吸也顺畅了。虽然他当时的身体状况并不是太好，不过他仍然在坚持练习自我暗示，"每一天，我在每一个方面，都变得越来越好"。

后来我又见过他，那时候他正在踢足球。战争时期，由于医院诊断证明他的病痛仍然没有完全消除，所以他免于服兵役。尽管如此，他看起来已经是一个健壮的男孩了。这就证明，即使疾病本身不能完全被治愈，自我暗示也有助于消除所有的症状。

自我暗示对于糖尿病的治疗有一定作用，这是有实例和数据证明的。通常情况下，人们会将糖尿病当成器质性病变，而根据一些现代权威机构的研究，有的糖尿病是由精神问题引发的。无论是哪种情况，只要持之以恒地进行自我暗示练习,糖尿病都是可以被治愈的。有位糖尿病患者,运用自我暗示疗法,在一个月之内,他的糖量成功地从 80 克降到了 59 克,而且其他一些并发症也随着消除了。

自我暗示对于肺结核的治疗也有一定帮助。我不能说自我暗示可以治愈肺结核,但我确定它在许多病例中确实发挥了重要作用。自我暗示的练习,使得患者的器官功能得到了加强,身体的抵抗力也增强了。

我认识一位 60 岁的女士,她在年轻时就患了肺结核。我第一次见到她的时候,就觉得她的生命快到尽头了,那时她的体重只有 98 磅。然而,出乎我意料的是,自我暗示拯救了她的生命。自我暗示使得健康的信念注入了她的潜意识,并且赋予了她自信。最后,她居然奇迹般地康复了。她患有肺充血病,医生断言她活不了多久,但是她却完全康复了,而且体重还增加了 26 磅。

此外,对于坐骨神经痛、胃病、便秘、哮喘和头痛等病痛的消除,自我暗示也有一定帮助作用。

有一位男士,饱受头痛的折磨已经持续了三十多年,他每个星期都要定时服用阿司匹林以及其他一些类似药。在这持续了三十多年的头痛史中,有某种暗示的力量一直在支配着他,他认为自己某天会头痛,结果到了那天,他真的头痛了。后来,在积极的自我暗示的帮助下,他终于告别了慢性头痛。

我还知道有一位男士,曾经患有坐骨神经痛。后来我给他解释了自我暗示的原理,告诉他该怎样做,后来他给我写了一封信,告诉我说,他不再觉得疼了。

还有一位女士,尽管医生一直告诉她,她不可能完成 8 公里的步行,但她始终认为自己完全可以做到。自我暗示,最终让她取得了成功。

如果我告诉大家，自我暗示可以修复已经损坏的机体组织，大家在感到吃惊的同时，一定会觉得不可能。但是它确实是正常的现象，也是符合逻辑的，而且已经得到了证实——在特殊条件下，自我暗示的确可以修复损坏的机体组织。

还有一个事实，那就是自我暗示可以帮助女士青春常驻，而且容貌越来越漂亮，这一点非常有趣。对于那些害怕青春逝去的人，这段话一定具有安慰作用。只要你认识到自己拥有这种能力，那么你就可以一直保持年轻美丽。想象一下，在我们的潜意识中，有一位法力强大的仙女，她能帮助我们消除脸上的皱纹，让我们容光焕发，让你呆滞的目光恢复神采。没错，女士们只要想象自己拥有美丽的容颜和窈窕的身材，就有可能变成期望中的样子。当然，我这么说，并意味着自我暗示能够改变一个人的眼睛或头发的颜色，调整鼻子或下巴的形状，显然这些变化都是暗示做不到的，也是不符合机体的可能性的。但是，自我暗示的力量的确可以在某种程度上改变一个人的外观，并且延缓衰老，抗拒疲劳。

顺便说一下，如果有意识地进行自我训练，那么你就可以远离疲劳。当你准备开展一项工作时，潜意识将起到关键的作用，比如，你事先想象一下"这项工作很简单，很有趣"，那么你就不会觉得疲劳了。

每一个希望保持健康的人，都必须遵循健康的法则，同样，自我暗示也必须符合健康法则的要求。这一点一定要记住，即我们是在利用自然的力量，因此就不能违反而是要遵循自然法则。比如，我们必须保持有节制的生活习惯，不要暴饮暴食，吃东西应该细嚼慢咽；在加强体育锻炼的同时，注意不能过度等，这就是自然法则。如果你希望保持生理和心理的健康，成功抵御一些传统的遗传疾病，那么你所选择的自我暗示就必须符合自然法则的要求。

虽然自我暗示有着重要作用，但我必须强调一点，也就是我并不主张病人忽略医生的意见。相反，在进行自我暗示治疗的过程中，医生的指导是非常有必要的，许多病症的治疗都离不开医生的指导、用药和护理。而且，医生的陪伴、看望和鼓励，对于病人的康复可以起到帮助作用。当然，如果医生懂得心理暗示的知识，并在治疗过程中利用它作为辅助手段，那么对于病人将是非常有益的。

我希望患者和医生都了解这一点：自我暗示是对付疾病的最强有力的武器。

针对每种疾病的专门暗示法

在本章中，我们来看一看各种神奇的实例，它们都是关于自我暗示帮助治疗多种具体疾病的。

各种疼痛

不管是脚疼、腿疼、膝盖疼，还是背上疼，无论这些身体上的疼痛发生在什么部位，也不管它是叫"关节炎"还是其他什么名字，我只想告诉大家：从疼痛产生的那一刻起，导致疼痛产生的病因将会逐渐减轻并消失，病因消失了，它所造成的结果也就逐渐消失了。

如果这种疼痛偶尔复发了，不要再采取过去的那种做法，满脑子想的都是哪里疼，或者因为疼而呻吟。你应该对自己说："我可以做到不费吹灰之力就能够让这种疼痛消失！"但是，千万不要这样说："我可以试试看，让这种疼痛慢慢消失。"因为这是一种怀疑的态度，如果你怀疑暗示的力量，那么你将会失败。所以，你应该相信自己的能力，相信自己一定能够让疼痛消失。这种做法也同样适用于抑郁症患者。

每当你感觉到身体上或者其他方面的痛苦时，请平静地走到你的房间里，或者其他任何能够让你感觉到宁静、平和的地方，然后闭上你的双眼；这个时候，如果你精神上觉得非常痛苦，那么请将你的手轻轻地放在额头上，如果是身体其他部位疼，就把手放在疼痛的部位，接着不断重复这句话："很快就不疼了，马上就不疼了。"这个举动似乎很可笑，容易引起别人的嘲笑，但没关系，重要的是你的脑子里应该这样想："马上就不痛了，疼痛就要消失了，很快。"想着疼痛很快就要消失了，不受到相反意念的影响，只是把这种想法灌注到你的潜意识中。那么，当大脑里的想法在我们看来已经是现实的时候，这种生理上或心理上的疼痛，就会真的消失了。

如果后来你又觉得疼了，那就重复这个过程，10 次、20 次、50 次、100 次、200 次……甚至，你可以用一整天的时间来重复"很快不痛了"这句话，如果有必要的话。比起勉为其难地忍受痛苦，或者抱怨疼痛，这种做法效果好得多。注意，你一定要比疼痛更有耐心，坚持把它从你的身体里赶出去。然后你就会发现：坚持使用这一方法，慢慢地，需要重复的次数就减少了。也就是说，如果今天你说了 50 次，明天可能只需要说 48 次，后天减少到 46 次，这样依次递减下去，直到最后，你根本不需要再重复了。

肺病

患有肺病的人，可以对自己说："我的身体将变得更强壮，而且更有活力，因为我身体的呼吸功能将得到改善。身体内部有一些有用的元素，它们能够帮助肺、支气管或胸部修复损伤。"随着自我暗示的持续进行，你将发现，需要承受的各种病痛在逐渐减少，直到最后完全消失。比如，如果你咳嗽，那么咳嗽的次数越来越少，最终，彻底消失。你会发现，暗示次数会如你所愿地逐渐减少，也变得越来越容易，而且开始时的那种压抑感也在慢慢减弱。

眼疾

我建议,眼睛不太好的人要对自己说:"我的眼睛可能存在的任何问题,都会一点儿点儿地被治愈,直到最终消失。"于是,你的眼睛将越来越好用,也就是说,你将可以看到远处的事物,视野变得清晰,视觉变得更加敏锐。比如,你眼睛近视了,眼睛的晶状体过长,那么它将会一点儿点儿地变扁。越来越远的地方的景物将逐渐被映射到你的眼睛里,最后在某个时间,眼睛的晶状体将恢复到它正常的厚度,于是你的视力恢复了正常。

我曾经治好了一位左眼失明的女孩。这位22岁的姑娘在2岁的时候患了脑髓炎,脑髓炎治好后,绷带解除,她的左眼却看不到东西了,而且从那之后,她的左眼再也看不见了。由于左眼看不见,所以视物全靠右眼,如果过度使用右眼,有可能最终会造成双目失明。但其实,她的左眼早已经治好了,只不过她的意识里固执地认为:"我的左眼看不见。"

所以自我暗示的治疗方法非常适用于她这种情况,并且治疗取得了显著的效果。我对她说:"姑娘,你如果继续使用你的长柄眼镜,就会变成瞎子,你至少欠我一根蜡烛。"为了测试她的视力,我一点儿点儿地加大与她之间的距离,越走越远,直到她再也看不清我的特征。我告诉她:"你已经取得了很大的进步,很快你就能看见大教堂上的一只苍蝇!"这位小姐原本弹钢琴的时间不超过5分钟,后来可以弹上两个小时,而且她还可以用左眼看书。

遗尿

遗尿的孩子,进行自我暗示后,你会发现,遗尿的问题再也不会发生。每天晚上你将不再尿床,只要有便意,就会醒过来,然后去洗手间小便,回来倒头就睡,而且会睡得很香,直到第二天早晨。下一次需要起床小便的时候也是这样,方便完了继续睡觉。是的,你可以认为这个问题已经解决了。不过,自我暗示仍然需要继续一段时间,你要告诉自己:"每一天,在每个方面,我正变得越来越好。"你的想法终将成为现实,自我暗示让你受益终生。

跛脚的孩子

如果你的右腿不如左腿结实,告诉自己:"从现在开始,它将变得越来越强壮,并且那些必要的有用的元素会出现,它们将促进新肌肉细胞的形成,肌肉会慢慢长出来,这条腿将一点儿点儿变得强壮起来。"你将发现,那条病腿越变越强壮,每一天,你轻微的跛脚情况将变得越来越不明显,最终彻底消失。

神经性痉挛

我要用较快的语速对患有神经性痉挛的你说:"你将不会有痉挛,它正在消失,它已经消失了!"当痉挛要出现的时候,你总会有预感,听我的话,你将产生一种能量,击退可能产生的某种症状。你的病情一定不会变得更加严重,甚至将不再出现痉挛。在它还没来得及表现出来之前,痉挛就已经消失了。

关于学习

我想要对孩子们说:"从现在开始,你们将是好孩子,遵守学校纪律,服从每一个有权要求你们服从的人,尊重每一个值得你们尊重的人。你将听从家长的教导,包括你们的父母、祖父母、叔叔和管理员的教导。我知道,当他们告诉你们要做某件事的时候,你们将会按照要求去做。"

通常情况下,当一个人要求孩子去做某件事情,或者对这件事作出说明的时候,孩子们往往倾向于认为自己已经做过了,这或许会惹恼他,使他"厌烦"。但现在,孩子们应该知道了,其实那个责备或批评你们的人,他的本意并不是为了惹恼你们,而是在用一种特别的方式表达善意。所以请不要怨恨批评你们的人,而应该对他们为你们所做的一切表示感激。

再进一步,你们将喜欢现在的工作,而作为学生,眼下的主要工作就是学习,你们将喜欢那些必须学的知识,尤其是还没有注意到的那些知识。其实,我知道,你们一般都会想象自己不喜欢某些功课:"噢,我讨厌数学,我痛恨历史课!"你们恨这些课程,仅仅是因为你们以为自己恨它们。相反,你如果想象自己喜欢某些课程,那么你们就会真的喜欢上它们!

只要你按照这样去做了,那么这个结论将会得到证实。你会发现,所有的知识学起来都很轻松,你喜欢所有的课程。老师上课的时候,你不会再去关注你的同桌或其他一些无聊的事情,遵守课堂纪律,把注意力都集中在听老师讲课上,记住他所说的每一个知识点。

孩子们,请记住,你们是非常聪明的,学到的任何知识,你们都能够理解,并把它们放在记忆的仓库里,在适当的时候运用。有一天,你必须独立学习的时候,无论在学校,还是在家里,你都能在必须完成的任务上倾注全部精力,或者将注意力集中在必修的课程上。你的成绩不断提高,并且不再经常挨批。

心脏

我要对那些心脏有问题的人说:"从现在开始,你的身体和潜意识将竭尽全力弥补自身的创伤,这些创伤将会平复。你的心脏将恢复正常工作,随之而来的是血液循环得到改善,过去让你不舒服的心悸也将会逐渐减少,最终彻底消失。"

第一章　惊人的潜能，天赋的力量

小孩心疼

"我的孩子，你的心疼病将会消失。"而我要告诉孩子的妈妈："心感觉疼痛的地方可能依然会存在，但是，孩子的身体会采取一些补救措施。因此，就算孩子的病没有痊愈，他的疼痛感也不会再像过去那样剧烈，而且其他人可以做的事情，他也能做。"1912年，我治疗的一个男孩的情况就是这样的。他的心脏不太好，战争期间的两次兵役，他都因为心脏的原因而没有入伍。尽管他的心脏病没有彻底痊愈，但是他已经不再被病痛折磨了，能像正常人一样骑自行车、踢足球、远行，而且他后来还结婚了。

脑损伤、瘫痪

有一位小姐患过脑炎，脑炎对她的大脑造成了一定损伤，我告诉她："你脑部因为疾病而造成的损伤正在慢慢修复，而且情况还将继续好转。随后，你将发现，脑炎所造成的症状也在相应消失。你的身体很虚弱，似乎厌倦了病痛，因此看起来有些木讷，不过这些表现都会逐渐消失。空虚感将逐渐消失，会对自己充满信心，活力满满。你母亲说你需要工作，现在我要命令你，你一定要去工作。是的，我坚持这一点，工作对你很重要，你应该去工作，哪怕这项工作很简单，简单到只是在花园里挖一个又一个的坑，然后再把它们填平。"

鼻子的疾病

有位鼻子有问题的先生，为了帮助他减轻病痛，我告诉他："你的身体和你的潜意识将做所有它们应该做的事情。你的鼻子的不适感将会逐渐消失，慢性支气管炎的症状也在减轻，至于你的哮喘病，当然也会很快痊愈了。"

腿部疼痛

有位病人常常觉得腿部僵硬、疼痛，胃也痛，我建议他不停地对自己说:"它们不会再回来了。"积极的潜意识会尽己所能地使人身体的病痛消失,不让它们多在人的身上停留。即便它们复发了,也不要害怕,潜意识会帮助你战胜它们。

肾脏、膀胱

自我暗示可以帮助那些肾脏或膀胱功能有损伤的人。坚持一段时间后,他们的肾脏或膀胱功能将得到修复,恢复到正常水平,过去经常感到的肾脏或膀胱疼痛将消失,尿液也会变得正常,沉淀物不见了。

结石

结石病患者,在进行自我暗示的同时,要注意大量喝水。只有多喝水,尿酸才不容易形成结石,病人的疼痛感将会逐渐减轻直至消失,病人的营养状况也会慢慢得到改善,直至变得正常而有规律。

沮丧

精神抑郁的人,千万要小心,不要再浪费自己的精力在那些无谓的事情上面。要相信自己的精神状况很快就会越变越好,沮丧感越来越少,最终不复存在。你的身体将变得强壮有力,你的精神状态良好,充满活力,即便工作了一整天,你也一点儿都不会感到疲倦。

舌头肿块

有位先生,他的舌头上长了一个肿块,在做外科手术之前,我对他说:"你的身体会尽最大努力,消灭这些寄生的病毒细胞,同时分裂出更多健康的细胞来取代它们。而且,那些遭到病毒细胞损害的组织也将得到修复和还原。"

脓肿

所有患有脓肿的病人,一定要相信自己的身体,身体将尽全力消除肿胀、清除脓液、修复伤疤,外在的一切损伤都将逐渐消失,直至完全康复。

颤抖

有的病人出现身体僵硬、颤抖症状,无法保持直立,背部疼痛,右半身轻微瘫痪等症,由于大脑或者神经系统中的损伤不同,所以病因不能一概而论。但不管造成这些症状的病因是什么,我都会告诉病人,要相信:"所有症状都将一天天地被治愈,你的身体不再僵硬,直立越来越容易做到,手部或胳膊颤抖的频率也在逐渐降低。你觉得自己的身体越来越健康,人也越来越自信。随着症状的消除,导致疾病的原因也将被根除。"我还要提醒这些病人,走路的时候要尽量分开双腿,迈开大步,左腿放在右腿的前面,保持身体平衡,慢慢地前进。

静脉曲张和静脉炎

我要告诉患有静脉曲张的人:"你们的身体和潜意识会想尽一切办法,自发地形成损伤修复。静脉组织的力度和弹性将恢复正常,不仅静脉问题会得到良好的解决,而且曲张溃疡也会痊愈。身体的相关组织会在伤口的内部分裂出许多新的健康的细胞,这些细胞修复了溃疡造成的损伤,伤口的边缘逐渐愈合,结疤。最终,你的身体痊愈了。"

同样,对于患静脉炎的病人来说,他们的身体和潜意识也会尽可能地建立一种损伤补偿。由于静脉被血块堵塞,血液流动受阻,于是受阻的部分就形成了肿胀。而在损伤补偿机制的作用下,被感染部位旁边的静脉会被扩大,从而保证血液流通顺畅。

疝气

腹部部分组织受损,当小肠经过这一部分形成了一种疝气。在这种情况下,身体和潜意识的作用会促使腹部破损的组织逐渐愈合。愈合作用可以从裂口的任意一边开始,伤口越来越小,最终形成伤疤。当伤口完全消失的时候,疝气也就消失了。

肿瘤

无论你所患的肿瘤是哪种性质的,也不管它是纤维状的,还是腺状的,在身体和潜意识的努力下,这些寄生的肿瘤细胞将在最大程度上被消灭。已经形成的肿瘤面积,将按照肿瘤细胞所造成的破坏的比例,相应地缩小,并且肿瘤的硬度也会减弱,直至最后肿瘤完全消失。

失忆

有的人常常抱怨自己失忆,但在我看来,他们之所以会失忆,只是因为他们以为自己失忆了。换句话说,也就是他们的意识里认为自己的记忆丢失了。其实,只要他们将记忆重新回到脑海里的想法植入潜意识,不断地暗示自己,那么他们的记忆就会回来了,不再失忆。

酗酒等恶行

当你染上了酗酒以及类似的恶习时,或者你强烈地被其他某种事物吸引时,如果你想要摆脱这些恶习或者极度的吸引力,那么你需要记住我的话,告诉自己:"我过去非常喜欢它,但我现在对它有着相同程度的厌恶。"这种强烈的吸引力被同等强度的厌恶代替了,于是,你的烦恼也就结束了。自由和健康将再次回归于你。

多疑

怀疑一切,对任何人、事抱着不相信的态度,这种现象在很多人身上都可以看到。我想告诉那些多疑的人:"当你用信任的心态来替代这种不相信与多疑的心理状态时,你将变得越来越自信,相信你能找到自己所寻求的一切,而不再像现在这样疑虑重重。"

抑郁症

对于抑郁症患者,经常感到悲伤,或者产生悲观想法的人,我要告诉他们:"从现在开始,将悲伤所带来的一切不幸抛到脑后。每当你感到悲伤的时候,请对自己说:'坏情绪要离开了,它马上就走了。'随后,悲伤情绪产生的概率越来越低,你的心情将会得到解脱,不再被悲伤的情绪所控制。"

我必须提醒抑郁症患者,能够治愈你们的,是你们自己,而不是我,这一点非常重要,请一定记住。就像我自己解释过的,我不是治疗师。当我和你们不在一起的时候,我没办法帮助你,你只能自救。为了避免面对悲伤不知道该怎么办,你们必须认识并掌握自己所拥有的这种治愈力,在需要的时候,熟练地使用它。

当忧伤、忧郁来袭时,当你被恐惧、厌恶或其他可能伤害你的念头困扰时,不要惧怕它们,告诉自己:"这些讨厌的想法都会从我的脑海里消除,它们就像过眼云烟,终究会越飘越远,最终消失。"你直面它们,轻视它们,那么这些念头就不会再产生了。如果你有某种忧郁的倾向,那么这种倾向也会减少,取而代之的是愉悦的心情。

还有,如果过去你常常说这样的话,那么从现在开始抛弃它。比如,"我年纪太大了","我克服不了它","它在很长时间里一直存在","我特别容易患这种病",还有一些类似的情形,等等。这些说法实在是太荒谬了,因为你越是这样想,这些消极的想法就越会在短时间内彻底地变成现实。所以,如果你希望自己能摆脱那些悲伤情绪的困扰,记住一定要对自己说:"我正在康复……我正在好转!"每天重复数次,就等于每天都在为你的健康大厦增添基石。这才是你必须保持的精神状态,它会使你越来越健康,很快你就会完全康复。

请跟着我一起数:"一、二、三。"数到三的时候,你将进入一种非常好的状态:心情平静,头脑清醒,完全没有睡意,也没有一点儿疲惫的感觉,浑身上下充满了活力。你的身体感觉非常健康,精神非常好。

暗示疗法实例

通过与病人长期的交谈和沟通，我对于病人的思想状态非常了解。平常给予病人治疗帮助的时候，我会让所有患者围坐在我的周围，给他们讲述暗示的相关知识，与他们对话，询问他们进行自我暗示治疗的进展情况。这些病人的数量非常多，而且每个人的病况都不一样。如果病人是第一次来，我还会询问他们是因为什么原因过来，他们被什么样的痛苦困扰。以下是节选的那些治疗过的实例记录。

胃疼和四肢僵硬

有位女士来看我，她经常胃疼，四肢僵硬。我对她说："你知道的，你现在走路困难。现在，在我面前走几步，要快一点儿，再快一点儿。"

于是，我自己在前面走，这位妇女跟在我后面。我们两个人在房间里追逐起来。然后，这位女士兴冲冲地告诉大家，她可以走路了，而且走得比以前轻松了。

耳聋和肝肿症

有位老年女士认为自己耳聋，还有肝肿症，于是她来找我治疗。我对她说："夫人，您哪里不舒服？您耳聋？不，您一点儿都不聋，因为您刚刚回答了我问您的问题。"

这位年老的女士回答："啊，是的，不过我之所以能听见你在说什么，是因为你说话的声音很大。"

我告诉她："是的，但是您并不聋，只是您自己不想听到。世上最糟糕的并不是耳聋，而是这个人根本不希望听到什么声音。"

"噢，但是，我并不是不想听，而是的确听力不好！"这位老太太说。

"但是您看，您并不聋，因为您知道我在说什么。除了听力问题，您还有其他问题吗？"我接着说。

"我有一边的肝脏肿大。"老太太说。

"我并没有问您什么地方肿大，我只是问您是不是有什么地方感觉疼痛。"我说。

我决定使用暗示法，于是轻声但快速地念叨着："它就要消失了，它就要消失了。"一边说，一边轻轻地抚摸着老太太感觉疼痛的部位。老太太也跟着我一起快速重复地说："它就要消失了，它就要消失了。"很快，她感觉好了很多。

肝病

有位来自波兰的肝病患者，他的妻子陪着他来拜访我。我用德语与他们交谈，了解到这位患者的舌头上有一个肿块，要消除肿块必须进行外科手术。我不确定一定能治好他的病——"但是，"我对他说，"您有很大的机会可以自己治好您的病，不过我不敢确信。"

对于某些人，我会直接告诉他们："你会被治愈，因为我相信这一点。"而对另一些人，我只能说："你的病有可能会被治好。"我说"可能"，说明我并不是十分肯定或者确信，但我的意思也不是说就一定治不好。

神经衰弱

有位先生患有慢性神经衰弱症，他说："我患神经衰弱症已经三年了，虽然我只来过这里六次，但是现在我已经痊愈了！"

我为这位患者感到高兴，祝贺他，因为恢复健康实在是一件让人欣慰，值得庆贺的事情。

右半身疼痛

我问另一个人："先生你右半身疼痛？"

"是的,但它应该消失,库埃先生。"他回答。

我说:"是的,虽然你说自己没有用暗示法,但我认为正好相反,你的暗示法用得非常好!"

气喘病

我曾经告诉过一位患了气喘病的先生暗示治疗法,他患气喘病已经很久了。后来他不但可以轻松上下楼,而且绝对不至于喘不过气。

还有一个关于气喘病的实例,这个例子非常有趣。讲的是伦敦的蒙列侬先生,他患气喘病已经25年了。每天晚上,他都要坐在床上拼命地呼吸,情况却始终不见好转。但是,他在我这里待了不到3个星期,离开的时候就已经痊愈了。然后他去了夏蒙尼,到那儿后的第二天,他登高到了1 800米;第三天,他爬到了2 100米的高度。他曾经经常感到难过,从我这里离开之后,他又重新拥有了快乐,他像小伙子一样站立着。他的女儿M女士,也在我这里待了一段时间,因此收获了很多。

膀胱疾病和腿疼

有位夫人的膀胱和腿脚不太好,我问她治疗后的恢复情况怎样,她说:"我的膀胱好些了,尿液里也没有了沉淀,感觉好多了。不过我是一个家庭主妇,要经常洗洗涮涮,这类家务活儿做得太多了,双腿刺痛,痛得睡不着。"

我告诉她:"疼痛会消失的,当你感到膀胱好一点儿的时候,你的刺痛感就会慢慢减轻了。"

心脏病

有位女士为了治疗心脏疾病,住过医院,她告诉我:"先生,我曾在医院里接受过治疗,但出院时和刚进去时一样,病况一点儿也没有好转。"

我对她说:"他们告诉你,说你的心脏不好,你感到心悸吗?你上楼的时候,觉得喘不过来气吗?好的,不久前我这里也来过一位经常感到心悸的女士,现在她上下楼一点儿都不费劲儿。如果你现在能够像她一样,每天运用自我暗示疗法,那么我将很高兴地看到你也会有同样的收获。"

忧郁、颤抖、麻木的夫人

一位看起来满脸笑容的夫人,似乎很开心,完全看不到忧郁的样子,然而她却说自己很烦闷。

我问她:"太太,你感到烦闷?可你的表情完全没有烦闷的样子,你在笑。"

那位夫人无奈地说:"一个人必须保持乐观,要试着安慰自己。"

我说道:"安慰你自己?不,请丢掉那种感觉,不要发抖,你的手和腿脚都不需要发抖,看看,你现在已经不再颤抖了。"

"然而我能感受得到。"她说。

"听我说,它们确实已经不再颤抖了。"我说。

"最难受的是,我的肢体麻木了,这让我痛苦不堪。"那位女士说。

"你必须消灭这一切。首先,不要刻意地去做这件事。"我说。

"每天晚上我都觉得自己好多了,可是第二天早晨一醒来,我的病情又发作了。我怀疑是不是大脑有问题。"女士说。

"总有这种恐惧,天哪!但是,您老这样可是会要人命的。"我说。

我给那位女士讲了一个故事:有一天,五六个小伙子合计给某人搞个恶作剧。当那个即将被捉弄的对象进来的时候,一个小伙子就对他说:"你怎么了,出什么问题了?"接下来,另一个小伙子碰到这个人时,又对他说:"你今天怎么了?生病了吗?你看起来这么奇怪。"他回答:"不,我没生病……也没出什么问题。"后来,他又遇到了这群小伙子中的一个,他也对这个可怜的被捉弄者说:"你怎么了,脸黄得像金币,你生病了吗?你看起来确实有些不对劲儿。"这个被捉弄的人自己都有些怀疑了,他犹犹豫豫地说:"不……我……我什么毛病也没有,但奇怪的是,差不多每个人都对我说相同的话。"当第四个人也对他说同样的话的时候,他就信以为真,确定自己一定是生病了,于是他真的躺在床上,再也爬不起来了……

失眠,书写和思考障碍

一位先生说自己神经衰弱,睡不着,这类病例并不少见。当时跟他坐在一起的就有位先生患有同样的病,我建议这位神经衰弱患者向那位已经治愈的先生请教,相信他一定不会保留治愈自己的药方。

我告诉这位神经衰弱的先生:"你会睡得很好,所有的事情都将像一个美梦。现在你的脸上挂着这样的表情,它预示着糟糕的心情很快就会远离你,如果你现在笑一笑,那么你将不会再有神经衰弱的困扰了。"

他又说:"我不能再写东西了,既不能飞快地写字,也不能正常讲话,我感到很难过,怕自己再也不能思考问题了,我感觉自己正在成为一个废人。"

"你认为自己无法再思考,但你其实仍然有思考的能力,因为你说了'我不能再思考'这句话,这就是最好的证据,这句话恰恰是你思考的结果。我给你开一个好方子,它能让你笑口常开:当你感到悲伤时,请站在一面镜子前,然后开自己的玩笑。几分钟之后,你会发现自己笑得非常自然,就像现在这样。当你能够像现在这样笑的时候,你的神经衰弱问题也就解决了。是的,我告诉你,神经衰弱消失了,消失了。"我说。

痛苦

有位女士按照我所说的自我暗示疗法来做,她觉得自己过去经常感到痛苦的情况好多了,只是痛苦的感觉还会回来。

我的建议是,每天都要对自己说:"今天的情况没那么糟糕,明天还会更好……"当然,在告诉她这样做之前,我再一次提醒她,一定要相信自己,能够治愈她的是自己,而不是我。我从来没有治愈过任何人,最后能够治愈病人的,都是他们自己。

胃病和恐惧

有位患了胃病的女士,吃进去的任何东西都不消化,她感觉很痛苦,我对她说:"好的,好的,你很快将会消化掉吃下去的所有食物了。"

"我希望能够克服我的恐惧。"她说。

"你被恐惧困扰,但是,让你感到害怕的只不过是恐惧本身,它们很快就会消失的。"

窒息

"夫人,你是说你白天感觉很好,是吗?"我问一位有窒息感的女士。

"是的,但夜里感觉就很糟糕,觉得要窒息,经常吐痰。"她说。

"你小心地进行自我暗示了吗?"我问。

"我从不间断。"她回答。

"那你一定会被治好的。"我说。

忧虑

很多女士因为心情郁闷而来找我帮忙。她们常常想象会有很多可怕的事情发生在自己身上,比如,有的人担心坐船的时候会晕倒在甲板上,所以一定要找别人作伴。但是我告诉她们要经常想象好的一面,当她们开始往好的一面去想之后,只需要两周左右的时间就会有变化。

我对有同样问题的一位女士说:"夫人,你经常感到忧虑的精神状况正在不断地改善,当你回到伦敦的时候,恐怕没有人能认出你来。"

悲伤

有位小姐过去经常感到悲伤,我询问她在经过一段时间的自我暗示治疗之后，状况是否有所改善，是否感觉越来越好。

她回答："是的，前几天我的朋友离我而去，我一滴眼泪都没有掉，实际上我反而想笑！"

"你一定在夸张，你真的是铁石心肠？但是这很好，说明你已经取得了进步。"我说。

颤抖和行走困难

有位来自英国的小姐，经常肢体颤抖，平常行走困难。

我告诉她："你的身体状况正在逐步好转，你似乎昨天就已经能够从椅子上站起来了，而且也能比较正常地行走了，今天的情况更好……只要你能坚持一天，你就一定能坚持每一天。你要常常对自己说：'我可以。'现在，你就准备跑步前进了。自我暗示能治愈你的病，相信我，这不是希望，而是事实。"

这时，有人说他看见过这位小姐，她几乎在没有任何人帮助的情况下，从电车里走了出来。当时，她的同伴伸出一只手给她，她似乎已经习惯这样做了，所以小姐接受了别人的帮助。那个人接着说："但是我觉得，如果没有那只手，她独自也可以完成。"

我很高兴："是呀！但是你骗了我，小姐，你可真淘气。"

粉刺

粉刺是经常困扰年轻人的问题，我希望年轻的朋友们能够常常对自己说："我知道，我再也不会长任何疖子和疙瘩了，它们会越变越少，我的皮肤会越来越好。"

眼病和咽喉感染

一位英国女士曾经接受过一次手术，身上有一个手术刀口。她问我："库埃先生，你愿意帮我治好我的左眼吗？还有，我的咽喉也被感染了。"

第一章 惊人的潜能，天赋的力量

我说："夫人，你说你的咽喉被感染了，那是神经敏感引起的，你常常有这样的感觉吗？你的伤口有时感觉强一些，其他时候感觉弱一些。除了这个伤口之外还有其他的病痛，如果这些都是由伤口引起的，那么你的感觉往往应该是相似的。但其实，这些病痛都源于你的心理。前几天，我遇到一个身材矮小的病人，当时他几乎无法说话，当治疗快要结束的时候，他几乎已经可以像正常人一样讲话了。我想他现在一定痊愈了，因为他没有再回到我这里来，通常人们都是因为痊愈了才不再回来。"

有一位病人也是因为咽喉感染来找我，她说自己原本有着优美动听的歌喉，后来接受了一个手术，导致声带被破坏了。从那之后，她的嗓音变得嘶哑，唱歌的声音很糟糕，甚至可以说很可怕，她认为自己的声音再也没办法恢复了。为了帮助嗓子恢复，她尽量避免多说话，但我告诉她，这正是她的嗓子状态不能恢复的原因。

我建议她多开口，不要从唱歌开始，而应该在钢琴上弹一两个音符，边弹边唱。在我看来，一旦某个人相信自己可以唱一个音符，那么他也可以唱其他音符，尽管他可能并不认为自己可以这样做。我对这位女士说："现在，请相信，你的嗓子一天比一天好。"

有人问我："有一个女孩，她希望通过自我暗示来拥有优美动听的嗓音，这有可能实现吗？"

我的回答是肯定的："是的，这完全可能实现。"

要实现期望，必须经常而平静地进行自我暗示。只有具备了两个条件，自我暗示才会起作用。这两个条件是：第一，你一定要相信，这样做不会让你的痛苦消失；第二，你必须毫不费力地去做，也就是它自然地发生了。如果你做这件事很费劲儿，需要刻意去做，那么你将会失败，结果将于你的期望完全相反。

神经衰弱

有位神经衰弱的病人抱怨:"20年来,我一直没有好好睡过觉。我曾经看过医生,接受过治疗,医生尝试着让我入睡,但他失败了。"

我对他说:"让人睡觉这种做法不太好,因为如果失败了,失眠症患者会认为自己的病治不好,所以我从不通过人为干预的方式让人睡觉。神经衰弱这种病不可能在很短的时间内就被治好,就像当初耶稣被钉在十字架上的时候,他倒下了不止一次,而我们的道德要求有时也容许有一定程度的下滑。但是,只要你真正理解了自我暗示的治疗方法,你一定会在合适的时候恢复健康的,你将拥有深度睡眠。"

这位病人又说:"天气情况会对我的心情产生很大影响,如果天气很差,我的心情也会跟着变得很差。有一天,我起床的时候感到非常疲倦,心情沮丧,我的第一反应就是,天气要变了。"

这个病人的感觉很有意思,我告诉他:"我没办法预告天气,除非我先问问老天。但我知道,当你的心情不再被天气和风左右的时候,你的情况就彻底好了。"

恐惧

有一位年轻的姑娘说自己非常害怕出门,害怕站在巴黎的街道上,害怕噪声,她的心跳通常很快。别人曾经让她进入画室工作,但她不敢去,因为她认为自己没有思想,也缺乏想象力。

我曾经见过这个姑娘,在巴黎维查特先生的诊所里。当时,她不敢一个人出门,除非有个孩子或大人陪着她,牵着她的手或帮她拿着大衣。

"从第一次离开这儿起,我就不再害怕了。"她说,"现在,我有了思想和想象力,我可以愉快地去工作。"

事实确实如此,当她从我这里离开的时候,已经可以独自一个人沿着街道步行，从圣·密歇根一直走到了林荫大道。

头痛

有位来自英国的女士告诉我，她在从外地回来的火车上，用我所教的方法帮助过一个女孩。

我很高兴听到这个故事，事情是这样的：这位女士在外地乘火车，她旁边坐着一个小女孩。当时小女孩的头痛得很厉害，她就告诉姑娘，情况一定会好转的，她把我对她说的话都告诉了这个姑娘。小女孩听得很认真，并尝试这种疗法，过了一会儿，她的头痛消失了。当她下车的时候，都感觉不到疼痛了。

"之后，我去了一个小村庄，村里有位女士患有静脉曲张。"这位女士接着说，"我将同样的方法告诉了她，结果她的痛苦也得到了解除。其实，她还有些病症没有告诉我，比如她半身不遂，左脸有刺激性皮疹，而且左眼视力低下。我在给她进行治疗的时候，并不知道她的左眼视力不好。当我用暗示的方法对她进行治疗结束后，她说自己感觉很好：'我的左眼视力提高了许多。'我知道那一定是因为她的潜意识对其他疾病进行治疗的同时，也对视力提高作了必要的暗示。"

有人问我为什么用我的治疗方法有的人很快就痊愈了，有的人却需要很长时间。关于这一点，我解释只有一个："我的方法太简单了，简单到超出很多人的意料之外，他们不理解，也不相信这么简单的事情竟然会造成这么重要的影响。"

精神紧张

一位妈妈带着她的孩子来看我，这个孩子经常精神紧张，我曾经把自我暗示的方法教给了他。我想知道效果怎样，就问他："我的小朋友，你是否已经做了自我暗示？请告诉我，现在觉得怎么样？"

孩子说:"我一直在坚持练习自我暗示,感觉自己现在好多了。"

我又叮嘱孩子的母亲:"他每次间隔两到三个月才会出现这种情况,很好,但是,你或者你的丈夫必须每天晚上继续对他进行暗示。我相信,他的症状一定会完全消失的。"

贺瑞斯说过"不要让任何事情超出你的意识",也就是绝不能让自己被任何事情打倒。当你为昨天的处境而感到担忧时,当你承受着身体上或者精神上的痛苦时,自我暗示可以帮助你,不让这些困扰你的情况变得更加严重。

但有一点我还是要强调一下,就像我对一位由于精神长期处于紧张状态而生病的女士所说的那样,能够治病的不是我,而是病人自己。

这位女士去看医生,医生告诉她:"你生病是因为精神紧张,去见一见埃米尔·库埃,只有他能治好你的病。"

我很惊讶,这位医生居然说我能治好她的病,这显然是一个误解,我对女士说:"治好你的病的人不是我,我只是告诉你应该用什么方法来治疗。除此之外,我什么都做不了。你因为相信我的方法,而使用我教你的方法。但如果你不能用我教给你的方法对自己进行治疗,那只能说失败的是你自己,而不是我。"

儿童痉挛症

一位母亲带着自己的小孩来到我这里,这孩子的一只脚看起来有点跛,我问她:"夫人,这个小家伙怎么了?"

"从一岁的时候,他的腿出现了痉挛症。"这位夫人说。

我让这小家伙试着走一小步,他照做了。看起来,他的脚确实有点儿跛,一条腿似乎比另一条略短一些,他可能有股关节痛。我问他:"你走路的时候,觉得脚疼吗?"

孩子说:"不,不疼。"

如果不疼,那说明走路瘸是因为一条腿比另一条腿短,我问:"你说一条腿比另一条腿瘦? 那是因为两条腿所获得的营养状况不一样。昨天来我这里的一位年轻人,他过去也有类似的情况,一条腿萎缩。后来,尽管他的两条腿的粗细仍然不一样,但已经得到了很大的改善。"

其他的病人认为这个孩子的腿是扭曲的。我认为,他的腿有很大可能会变好,只不过是时间长短的问题,毕竟生长出新肌肉还需要时间。

头痛

有位女士的头疼病经常发作,这个毛病可以追溯到她还是个小女孩的时候。那个时候,一到星期天,她就会觉得头疼。她对自己说:"为什么下一周我又要承受这种痛苦,从这个星期天到下一个星期天。"她预感到自己一定会在星期天头疼,果然一到星期天的上午 9 点,她的头疼病就发作了。

我问她:"那现在情况怎样?"

她回答:"现在,我根本没有时间去考虑头疼问题,因为我结婚了,有太多的事情等着我做。"事实上,她每天都会发现头疼消失的速度特别快。

创伤及耳聋

一位先生觉得自己的肋骨部位疼痛,耳朵红肿,伤口流脓,他认为自己的另一只耳朵已经彻底听不到任何声音了。

我告诉他:"那样的话,我不确定你能被彻底治愈,但也不否认可能性的存在。在自我暗示的影响下,你的潜意识极有可能会对伤口的愈合起到必要的作用。伤口愈合后,你的听力就有可能恢复了。"

还有一个实例,金先生从铁路公司退休后,靠养老金生活。他的耳膜穿孔,你跟他讲话就像在对着一根电线杆说话。后来,他用了自我暗示的治疗方法，尽管听力没有恢复到从前的水平，但是已经足够让他可以与其他人进行正常对话了。

肝绞痛、胆结石和子宫炎

有位夫人说自己的肝有毛病，肝绞痛，她担心自己患有胆结石，她还有子宫炎。

我给她解释："夫人，肝绞痛的原因是肝功能失调，肝脏分泌的胆汁是酸性的，而不是碱性的。当胆汁是酸性的时候，它会在胆管里留下沉淀物，这种沉淀物是一种黏稠的液体，日积月累，最终形成了胆结石。胆结石无法溶解，当它进入胆囊的时候，就会引起绞痛。你担心自己得了胆结石？不，根本不用担心，你现在没有胆结石，如果有的话，你的脸就会像金币一样黄。子宫炎其实是可以治疗的，而且必须尽快治疗。我曾见过一位患有子宫炎的女士，她有 24 年的病史，医生建议她做手术，但是她用自我暗示疗法，没过多久，她的病情开始好转了。"

静脉曲张、溃疡

普通的治疗方法很难治愈静脉曲张和溃疡，但是，自我暗示的方法却能轻松地把它们治愈。我过去常要求病人用药，而现在自我暗示也可以当成一种药物了。

一位病人的腿脚不太好，8 个月之前，他的腿被撞坏了，又裂开了。他来找过我 3 次，后来情况越来越好，尽管腿部的外皮仍然很薄，但是他觉得自己已经被治好了。

沮丧

一位女士说："我每天早晨醒来的时候，总感觉自己被沮丧淹没了。"

我暗示她："很好，悲伤正在远离，你马上会被快乐淹没！"

不要中断自我暗示

"先生,今年夏天我曾经来过你这儿,我已经痊愈了。"一位女士对我说,"但是,我忘了持续进行自我暗示,所以不得不再次来找你。"

我说:"夫人,如果我是一个很不友善的人,我会告诉你,我对你的服务已经够好了!其实每天做一个小小的自我暗示是再简单不过的事情,就算你有时忘记了吃晚饭,也一定要记得有规律性地进行自我暗示。"

瘟疹

一位饱受瘟疹折磨的女士来找我,她摊开自己起皱的双手给我们看,说:"我双手的情况非常糟糕,14岁开始,我就得了这种病。"

我在教给她自我暗示治疗法的同时,还告诫她:"你不能用普通的方法洗手,有件重要的事一定要注意,那就是千万不要把手放在有肥皂或苏打的水里。你必须用一个浸过油的有填充物的小软垫来洗手,然后用你自己的专用毛巾擦干手。记住,不要再把你的手放进水里,否则自我暗示就起不到任何作用,你的病还会继续发作,你仍然会被它折磨,甚至还会用指甲去抓挠你的手。"

口吃

我对那位精神紧张而自认为口吃的朋友说:"你确定你口吃?在我看来,你并不口吃。说'今天很好'……你看,你说话并不结巴。说'我确信已经好了',你只要想着自己说话不再结巴了,你就不会结巴了。千万不要担心出现口吃的情况,这样你就不会口吃了。"

我曾经见过6个口吃的人,他们在我面前说话一点儿都不结巴,因为我让他们说"我不再口吃了"。比如,有一天,一个年轻人来找我,说:"我来看你是因为我口吃。"我问他:"你难道是想捉弄我吗?你看你说话根本就不结巴!"他回答:"但是我过去……啊,好的。"我告诉他:"你今天说话没有结巴,那么你以后再也不会口吃了。"

风湿

有位先生患有风湿,开始病症是在小腿上,后来上移到了膝盖。他说:"当我躺在床上的时候,没觉得它特别疼,但走起路来却很困难。"

我说:"如果我告诉你,你现在可以很轻松地走路呢?"

他说:"我希望我能,而且能够和猎犬一起奔跑。"

阶段性恐惧

我在巴黎的时候,曾见过一个年轻的女孩,她教人弹钢琴、拉小提琴和唱歌,但是她有阶段性恐惧症。这种症状要追溯到上学期间,她说小时候上学每天都要考试,这让她感到异常恐惧,头发都因此掉光了,脑袋变得光秃秃的,像一个弹子球。

关于考试所造成的恐惧,我深有感触。很多小学生由于对考试感到恐惧,于是从管理员那里或者其他地方过来找我,我教给他们暗示的方法,结果他们之中很少有人没通过考试。上面提到的那位年轻姑娘,按照我的方法,她的阶段性恐惧也很快就消除了。

之所以会产生阶段性恐惧,说到底是因为害怕有这种情况。该怎样克服,我可以用一个简单的例子来说明。比如,你正准备去参加一个会议,那么你一定要对自己说:"我比所有人都优秀。我是要教他们一些知识,我是老师,而他们都只不过是我的学生。"有了这种心理准备,你就不会出现阶段性恐惧。

腿上的弹片

有位先生的小腿上有一块弹片,没有取出来,每当休息的时候,这个弹片带来的痛苦就困扰着他,它还让他的腿抽筋。我告诉这位先生,在自我暗示的帮助下,这块弹片造成的各种麻烦会很容易消除掉。

胆小、紧张

一位 17 岁的年轻姑娘非常胆小、紧张,我对她说:"小姐,你应该长大了,成为你自己了。"

然后,我又劝姑娘的母亲说:"夫人,您很有必要做这件事,那就是晚上给孩子一些暗示,当她睡着的时候,守在她的床边,但要保持一尺的距离,轻声地对她说话,以免吵醒她。记住,你对她说的话尽量重复 20～25 次,从而使它们进入她的潜意识之中。"我们的思想只有两种存在:意识和潜意识。当我们睡觉时,意识处于睡眠状态,而潜意识却保持清醒。而母亲将想要说的话植入孩子的潜意识,其实就是一种暗示作用。

胸部问题

这位男士胸部有问题,我对他说:"我看你好多了。"

"是的,我的饭量变大了。"他说。

"你看起来就像变成了另一个人,连表达方式都改变了。"我说。

头晕

有位女士对我说:"我常常感到头晕,每次看到机动车,我都想躲开它,但却做不到!有一天,我试图躲开一辆车,结果却差点儿被一辆公共汽车撞倒。"

我说:"但是,如果换作是我,我也同样会僵持在那里。如果看到一辆机动车迎面开来,我可能对自己说:'我被固定住了,我动不了。'然后就出现跟您一样的情况。我们设想一下这种情形,你走在马路上,突然听到咔嚓声,转过身发现一辆时速 100 英里的小汽车冲过来了!如果你对自己说:'我想救自己,但是我做不到。'那么很不幸,你就站在那儿等着吧。要是司机恰好在想:'太美了,我准备撞倒她。'事情的结果就会很糟糕。但如果情况正好相反,司机并没有失去理智,那么他就会稍微转一下方向盘,他必须这么做,以免撞上你。他绝对不能想:'我希望能救我自己。'而必须想:'我能够救自己!'这两种表达方式所表达的意思有着极大区别!"

另一位女士也常常感到头昏脑涨,不过她的头晕是感冒引起的,她说自己总也摆脱不掉这种感觉。我指出了问题所在:"你用那种方法是错误的,你绝不能说自己摆脱不掉,你应该经常这样想:'我正在好转,很快就会好转。'这才是正确的说法。"

流泪

有位女士的眼睛经常流泪,她说:"我今年的情况变得相当糟糕,所以我来找您。每次走在大街上的时候,我的眼睛里就充满了泪水,看不清任何东西,我只能用洗液来洗眼睛……"

我告诉她:"从现在起,你用暗示当作药水来洗你的眼睛,告诉自己:'在户外行走的时候,我的眼睛里再也不会有泪水,将来也不会有。'你一定要让自己确信这一点!"

心情郁闷

有人问我:"什么是心情郁闷?"

我回答:"就是经常产生悲伤和郁闷的感觉。"

一个心情烦闷的人说:"他们告诉我,烦闷的感觉将会消失。"

我说:"会的,你可以想象这是一次愉快的旅行。"

疼痛

"我身体的每个部位都疼。"一位男士说,"我想到的,都是我承受着什么样的痛苦!"

我告诫他:"你绝不能这样想。每当你感到疼痛的时候,首先要用各种相关的办法,拒绝它的骚扰。为了对付它,只要你愿意,你可以这样说:'我的朋友,你对我的控制到此为止,从现在开始,我才是控制者,你要受制于我。'"这段话也是我想要告诉所有人的。

当我们的头脑中充斥着某种思想的时候,我们确定它们都将实现,而且自我也会不断地把它变成现实。我的方法,就是遵循这样的原理,将暗示用在疾病的治疗上。如果能让一个病人相信他的病情正在好转,那么他的病情好转将会变成现实。同样的道理,如果我们能让一个偷盗成性的惯犯确信自己将不再偷盗,他真的将会停止犯罪。类似的事例还有很多,这就是自我暗示的强大力量。

四个简单的试验

根据暗示所遵循的原则,我们可以得出这样的结论:一个人不可能同时想起两件事情。换句话说,虽然两种思想可以被并列提出,但是它们却不能同时存在于我们的意识之中。

当我们的头脑中充斥着一种思想的时候,对于我们来说,这都会成为一种现实,并且自我也会不断地把它转变成现实。

举例来说,将这种原理运用在对疾病的治疗上,如果我们能让病人相信他的病情正在好转,那么他的病情逐渐减轻就会变成现实。当这种原理用于教育罪犯时,如果能让一个偷窃惯犯认识到自己一定会结束偷窃生涯,那么他就真的会停止犯罪。这类实例还有很多。

这些看起来似乎有些不可思议,但自我暗示的确是世界上最简单的事情。为了让大家相信这一点,我们可以将方法教给参与实验者,然后进行一系列适当的、难度不同的实验。当然,我们教给被实验者的只不过是一些最基本、最简单的方法,而所选择的事情通常都是我们的思想在不知不觉中自觉完成的。在试验中,除了那些头脑有缺陷和主观上不愿意接受别人意见的人之外,所有的被实验者通过一些文字都完全可以相信,他们能够获得一个相当好的结果。

为了说明这种原理,我们做了四组试验。

实验一:"我将托住你"

这是实验的第一步,要求受试者的身体像铁棒一样绷紧,双脚并拢,但踝骨要保持柔软、灵活,他像一块基部拴有活动铰链的木板一样,笔直地站在地板上的同时要保持身体平衡。通常情况下,如果有人从任意一方轻轻推动木板,那么木板就会毫无抵抗之力地顺着人所推的方向倒下去。但我们会告诉受试者,我们将用肩膀来托住他,他会依靠脚踝的力量倒在我们的怀里,就像木板依赖铰链一样。换句话说,他在倒下的同时,双脚必须牢牢地固定在地面上。我们不断地用肩膀去推他,看他的反应。如果不成功,就一再重复,直到成功或接近成功为止。

实验二:"我就要倒了"

为了演示想象的行为,我们告诉受试者,他只能有一个念头:"我要倒下了,我要倒下了……"他脑子里只能有这一个声音,不能思考或疑惑自己是否会倒下,或者为了使我们满意而故意倒下去。如果他感到确实有一种力量在驱使他倒下,那么他就只能放弃任何抵抗,完全服从于这种力量。

接着,我们让这个受试者把头抬高,闭上眼睛,我们中的一位把自己的右拳放在他的脖子后面,左手放在他的前额上,对他说:"你现在只有一个想法:'我就要倒了,我就要倒了……'"而暗示者则在说:"你正在倒下,你——正——在——倒下。"与此同时,暗示者将放在受试者额头上的手轻轻地向后滑到他的左太阳穴,再滑到他的耳朵上边,然后持续而缓慢地移动右拳。

我们观察到这个受试者，出现了一个稍稍向后移动的姿势，我们应该阻止他或者让他完全倒下。在试验一中，我们已经告诉过他会托住他，但他不相信，从姿势的变化可以看出他已经抵抗了，他并没有认为自己正在倒下，而是认为如果倒下的话，自己就会受伤。

这是真的，因为如果没有这层顾虑，他就会像一块木板一样倒下。继续重复这个实验，暗示要用命令的语气，直至实验完全达到要求或者接近成功。

与被试者有接触的暗示者，应该左腿在前站在他后面一点儿，或者站在他的身后，以防他倒下的时候将我们撞倒。这种预防措施是必需的，因为如果受试者很重的话，暗示者可能也会被他带倒。

实验三："你——正——在——倒——下……"

受试者的双脚平行并拢，脚踝放松，身体仍旧保持笔直，面向暗示者。暗示者将自己的双手轻轻地放在受试者的太阳穴上，手上不按压，眼睛不眨，凝视受试者的鼻根，让他想"我正在倒下，我正在倒下……"而暗示者自己则加重音节，重复说："你正——在——倒——下，你正——在——倒——下……"一直凝视着他，不要停止。

实验四："我无法松开自己的手指"

让受试者尽全力握住他自己的双手，直到双手开始轻微颤抖。暗示者用实验三的方式凝视着他，把自己的双手放在受试者的手上，就像要把它们握得更紧一样。让受试者想："我无法松开自己的手指。"

暗示者数三个数，要慢慢地数"一、二、三"，突然把这些词分开说："你——无法——分开——它们——，你无法——分开——它们——"当数到"三"时，让受试者试着分开自己紧握的双手，而这个时候受试者还要不停地想："我无法分开它们，我无法分开它们……"结果，他真的无法分开自己的手指。

在暗示的作用下，如果他能够正确地思考，那么他将无法松开手指，越是努力试图分开它们，反而会握得越紧。事实上，他得到的结果与他所做的事情截然相反。过一会儿，我们再对他说："现在想'我可以做到'。"他的手指自然就分开了。

有一点非常重要，暗示者的眼睛要一直盯着受试者的鼻根，让他的目光一直停留在暗示者身上。如果受试者能够把双手分开，那么暗示者不应该认为失误在于自己，其实真正导致失败的原因在于受试者，因为他没有正确地在想"我不能"。所以，这个实验的前提是，必须确保受试者已经将"我不能"变成了潜意识。

在整个过程中，暗示者要求被试者做出一项行动时，经常用的是一种命令的语气，而被试者不得不服从或者没有任何理由反对。当然这并不是说暗示者要提高声调，态度不友好，他的声高反而应该是正常的，用不带任何感情的祈使句去加重每一个词。

当这些实验都已成功的时候，只要完全按照以上所给的指导方法去执行，那么其他所有的暗示行为也同样可以取得成功。

有些受试者非常敏感，我们可以通过一些事实帮助他们意识到——让手指和四肢收缩很容易，要做到这一点并不难。经过两三个成功的实验，我们就可以不用再对他们说"这样想"或"那样想"，而只需要像所有优秀的暗示者经常做的那样，对他们说一些简单的话，比如，"合上你的双手，现在你分不开它们了"，"闭上你的双眼，现在你睁不开眼睛了"。注意，说这些话的时候一定要用祈使句。然后，被试者会发现，就算用尽全部的力量，他也绝对不可能分开自己的双手，或者睁开眼睛。接下来，被试者会告诉他："现在，你能做到了。"于是，被锁定的状态似乎瞬间解除了，他马上就能分开双手或睁开眼睛。

除了以上四个实验之外，还有很多类似的试验。比如，让被试者将他的双手握在一起，暗示他，他的双手已经被"焊接"在一起了；让被试者把手放在桌子上，暗示他，双手已经被黏在桌子上了；告诉被试者，他已经被固定在椅子上，站不起来了；让被试者起立，告诉他走不了路；把一个笔筒放在桌子上，告诉他这个笔筒非常重，他根本拿不起来；等等。

以上所有的实验之所以会导致那样的结果，原因并不是所谓的暗示，而是被试者的自我暗示，只不过这个自我暗示与暗示者采取的暗示相关联。

暗示者可采取的步骤与方法

如果被试者通过了以上实验，并且已经理解了它们，那么用于治疗的暗示也将有可能为他所接受。打个比方，被试者就像一块儿没有被开垦过的土地，过去一直荒芜，暗示的种子即便被播撒在他心里，也不能生根生长，最终将消失无踪。而经历过暗示实验之后，他这块土地就被耕作过，暗示的种子在他的心里可以发芽、生长。

无论被试者有什么病，也不管他的病是生理上的还是心理上的，这些都不重要，重要的是暗示者要采用同样的方法，说同样的话，只不过需要根据不同的情况稍做变化而已。

暗示者对受试者说："坐下来，闭上你的眼睛。我并不是要让你睡着，因为没有必要。我要求你将精神输入潜意识，让你闭上眼睛，目的只是让你集中注意力，不被周围的事物所干扰。接下来，请将我说的每一个字都刻进你的脑海，它们将形成一个硬壳，它们不会服从于你的理智和意志，而最终成为你的潜意识。事实上,你自身其实是处于无意识状态的,你以及自身的所有器官都要绝对服从。训练的第一天,分早、中、晚三次进行。到了吃饭的时间,你就会觉得饥饿,也就是说,你将体验到'要是有东西吃该多好'的感觉。接下来,你可以享用食物,但要控制食量,不能暴饮暴食。你会把食物咀嚼成软的、糊状的,然后再咽下去。经过这种方式加工的食物更容易消化,而且绝不会让你感到不舒服、不顺畅,或者引起胃、肠的疼痛。你将从这些消化了的食物中充分吸收营养,这些营养成分将被为你的身体器官所用,成为制造血液、肌肉和能量的材料。总之,你所做的一切都是在维持你的生命。"

既然食物能够得到适当的消化,也就是说消化功能得到恢复,那么相应的排泄功能也将恢复正常。每天早晨起床时,便意就会产生,不需要强制性地服用药物或者使用其他辅助工具,就能得到满意的结果。

睡眠质量会得到改善,从每天晚上准备睡觉到第二天早晨醒来,这将是一段拥有香甜、宁静的睡眠的时间,没有噩梦的骚扰。早上醒来的时候,感觉非常舒服、愉快而又充满活力。

同样,如果经常感到情绪低落或心情郁闷,看到的通常是事物阴暗、消极的一面,并因此而担忧、不安。那么从现在开始,这种情况将不复存在了,快乐的感觉代替了压抑、苦闷。不需要任何特殊的理由,就像过去曾莫名地感到压抑一样,美好的感觉将自然地产生。此外,还要补充一句,就算真的遇到了让人感到担心和压抑的事情,也不会再像过去一样很长时间都沉浸在痛苦之中了。

同样,不耐烦或者坏脾气的感觉将消失,即便出现也不会像过去一样频繁。取而代之的是,极强的耐心以及良好的自我控制力。过去那些让人感到害怕、烦恼、生气的事情也会随之远去,剩下的只有冷静和平和,改变如此彻底。

伴随着不良的、不健康的思想，或是担忧、恐惧、敌对、诱惑，又或者妒嫉的思想和行为而来的攻击和嘲笑，所有这一切都会像终将消散的漫天乌云，又或者消失无形的虚无缥缈的梦境一样，在想象的作用下消失得无影无踪。

除此之外，人体的所有器官都将正常工作，心脏的自然频率符合正常标准，血液循环的速度变得正常，肺部呼吸正常，胃、肠、肝、胆囊、肾、膀胱的情况也都非常好。如果过去有某个器官的运作出了问题，那么从现在开始，它的正常功能将得到恢复。如果某个器官出现了损伤，不管这种损伤是什么，它都会一天天地慢慢恢复，直至彻底痊愈。

我认为在这里有必要提醒一下，虽说所有器官都将恢复正常工作，但我们根本没有必要刻意地去寻找生病的器官，追求它的治愈。只需要不断告诉自己："每一天，在每个方面，我正在变得越来越好。"在这样的自我暗示影响下，潜意识会自动搜寻，找到那个生病的器官，并作用于它，帮助它尽快恢复健康。

还有一点非常重要，需要重点指出，那就是有人可能直到这一刻仍然对自己缺乏信心，我想告诉大家，如果认可暗示理论所说的"我们每个人身上都有着无可估量的力量"这个信念，那么在它的推动下，我们自身的自卑感将会被强大的自信所替代。坚定的自信对于每个人来说，都是绝对有必要的。有了它，我们才能成功地完成自己想做的一切事情。当然，我们想要完成的所有事情都要在可能允许的范围之内。也就是说，这种自信将保证我们在合理的条件下，将自己所期望的任何事情完美地实现，不管这事情是什么，我们都有义务去做。

如果我想要做一件合理的事情，或者做这件事情是我的义务的时候，我首先想到的是它很容易完成,把"好难""不可能""我做不到""这超出我的能力"、"我阻止不了自己"等词句从自己的脑海里赶出去。它们不是我的话语,我要说的是:"这很容易,我能做得到。"

尽管一件事在别人可能很难办到,但当你把这件事看得很容易办到时,它在你的意识里就是很容易的。你可以迅速完成它,而且做得非常完美,你也似乎并没有费太大劲儿,而且这个过程不会带给你疲倦的感觉。如果你也认为某件事太难了,抱着"我做不到"的想法,那么你就真的做不到。

这些暗示可能显得有些冗长、烦琐,甚至有些幼稚,但千万别小看它们,它们是非常必要的。举例来说,当你在照顾病人时,这些不起眼的暗示可能对病人产生巨大的影响,不管他患的是什么病。

所有的暗示都必须以独白或低声细语的方式表达出来,而且其中主要的词语还必须加重语气。虽然受试者不至于被催眠,但对暗示者的最低限度要求是,不应该让被试者感到厌倦、疲惫,使他们保持注意力集中,不去想其他的事情。

当一系列暗示活动结束时,暗示者告诉受试者:"总的来说,我想要表达的是,你的身体和精神无论从哪一点来看,都将保持最佳的健康状态,甚至比你以前任何时候的感觉都要好。现在我来数数,当数到'三'的时候,你就睁开眼睛,摆脱目前所处的这种消极状态,你没有一点儿昏昏欲睡的、疲倦的感觉。相反,你会感到自己很健康,浑身上下充盈着力量,头脑清醒,心态积极,充满了旺盛的生命力。而且,你还会感到非常快乐,所有的一切都非常舒服。"

"二——三——",当暗示者数到"三"的时候,被试者睁开了眼睛,他们通常脸上都带着微笑,神情之中流露着健康、满足。

虽然病人被当场治愈的情况极少出现,但大多数情况下,他们都会发现自己的疼痛感减轻了,或者郁闷的感觉消除了一些。这给了他们极大的信心,相信只要经过一段时间的不断练习,所有的疾病都会痊愈。

在对受试者进行暗示时,要根据他们各自具体情况的不同,按照不同的间隔频率施加暗示。暗示者要有意识地延长这种间隔,一直到不再需要为止,换句话说就是一直到病人痊愈为止。

送走接受暗示的病人之前,暗示者必须告诉他,自我暗示这个有效的治疗工具是他本身就具备的,而暗示者只不过充当着教师的角色,教他怎样使用这项工具。病人如果想要取得好的治疗效果,就必须配合暗示者的工作。每天早晨起床前和每天晚上入睡的时候,病人的一项必修课就是闭上眼睛,想象暗示者站在他面前对他说的话,然后一边数着绳子上的20个结,一边用轻声对自己说:"每一天,在每一方面,我正变得越来越好。"这句话要不断重复,而且要重点强调"在每一方面"这一句。它代表着生理上的以及心理上的每一种需求。这种普遍性的暗示比任何特定的暗示更有效。

由此,我们很容易想到,在暗示过程中,暗示者所扮演的角色,他不是一个下达命令的主人,而是一个朋友、一个向导,他引导着病人一步步走向通往健康的道路。所有的暗示都是站在病人的立场,出于病人利益的考虑,而病人的潜意识要做的只是接受这些暗示,并将它转化成自我暗示。如果这一切得以顺利实施,那么根据情况的不同,所有的治疗都会在不同的时间内产生效果。

暗示疗法的特效

暗示疗法带来的结果将会是非常有效的,其中的原因并不难理解。

实际上，除了智力有缺陷和主观上拒绝接受暗示法的人群之外，其他人只要遵循我的忠告就一定会取得好的效果。所幸，暗示法对他们不起作用的那两种人的数量，在所有人中所占的比例只有3%。但是，如果暗示者试图让受试者快速入睡，却没有对他们解释所接受到的暗示，也没有对转化后的自我暗示作出必要的解释，再加上没有采取实验一的步骤，那么暗示一定会失败。当然，也存在少数例外，比如一些极为敏感的受试者，但这是极少见的。尽管每个人通过训练都可以运用自我暗示，但如果没有完成前面实验一的步骤，那么就不可能取得良好的效果。我推荐预先做一下那个实验，实际上只需要花几分钟。

　　我曾经也犯过这样的错误，以为自我暗示只能在睡眠的状态下进行，于是我每次都试图让病人入睡。后来我发现，暗示并不一定要在睡眠中进行。因为，每次我要求病人进入睡眠中时，他都会产生可怕的感觉，处于一种紧张状态，结果反而唤起他的一种非自愿的抵制，因此我改变了过去的那种做法。相反，如果我告诉病人，催眠完全没有必要，我也不打算让他入睡，那么他们就会对我产生信任，不再抱有任何恐惧或怀疑的想法，而是完全听从我的安排。接下来往往会产生这样的情形，我一遍遍重复着单调的语句，他们逐渐平静下来，不知不觉进入沉睡之中。当病人醒来时，发现自己竟然睡着了，会感到万分惊讶。就算第一次接受暗示时，没有发生这样的情况，过不了多久它仍然会出现的。

　　有人一定会怀疑我说的这些，而我想说的是："如果你不相信，请到我们的工作间来，看看我们是怎么做的。我相信事实一定会让你信服的。"

　　但我要申明一点，千万不要以为自我暗示只能通过我所讲述的方式进行。如果你对自我暗示一无所知，或者没有任何前期准备，没有关系，你一样可以运用自我暗示的方法。比如，有位医生非常有名，人们称他为神医，如果他说自己对某个病人的病症已经束手无策了，那么极有可能是因为引发这个病人的意识中一种负面的自我暗示的产生，从而造成严重的甚至是灾难性的后果。但是，如果这位名医告诉病人，他的病虽然的确很严重，但只要经过一段时间的悉心照顾就能够治愈，那么最后的结果往往也是惊人的。

再举一个例子，医生在给病人做完检查后，什么都没说，就开了一个处方给他，那么处方中所写的治疗方法可能并不会取得多大效果。但如果他在开出处方后，告诉病人所开的药在怎样的状态下服用才会取得良好的效果，那么最终一定会产生预期的治疗效果。

我虽然大谈暗示疗法的好处，但我并不是要跟药剂师或化学师作对。相反，我是他们最好的朋友。一方面，为了病人和医生的利益，我希望在医学院的教学大纲上，看到越来越多的有关暗示的理论和实践的研究；另一方面，我认为，当一个病人去看医生时，医生至少应该给他开几种药，这几种药与治病无关，也不会带来副作用。因为病人去看医生时，他实际上最想知道哪一种药可以治好他的病，却完全没有意识到，帮助他恢复健康的，起到关键作用的正是卫生学和养生法，而药品所起的只是辅助的作用。所以他最想要的只是药品，而不是卫生学和养生法。

根据我的观察，如果医生只是教给病人保养身体的方法，却没有开出任何处方，也就是说没有开药，那么病人就会非常不满，以为医生在敷衍他。他会说自己费了半天劲来到医院，就是希望寻求医生的帮助，结果却没有得到任何实质性的帮助。他可能失望地离开，也可能再去找另一个医生看病。所以，医生常常按照病人的逻辑，尽可能多地给他们开一些处方，这其中有一些是医生自己添加的，并且让病人以为这些药的实际作用和医生的说明一样多，而不是药物说明书中所说的那些标准。因此，病人往往更相信医生的处方，宁愿花费更多的时间和精力去医院请医生开处方，而不是到最近的药店去购买某种药物。

要正确理解暗示和自我暗示所起的作用，只需要知道一点，即指挥着我们身体的所有功能的是潜意识。要相信我前面说过的，某种器官的功能暂时失调了，但它的正常功能一定会恢复。这种命令一旦被传递到器官，它接收到了，马上就会服从命令，或者逐渐发挥它的正常功能。通过这种现象，我们就能了解自我暗示的方法对于病痛，比如疾病、疼痛、便秘、纤维状肿块、瘫痪、肺结核、静脉曲张、溃疡等的治疗机制。

一个偶然的机会，我在一位名叫高斯的牙医的咨询室里，为一个牙痛病人提供了帮助。这位病人是一个有8年哮喘病史的年轻女子，之前我曾帮她治过病，效果不错。那一次，她对我说自己想拔一颗牙。我知道她对这件事非常敏感，所以希望尽力帮助她降低即将面临手术所产生的紧张感，她很高兴，接受了我的帮助。然后，我们与高斯医生约了时间。在约定的那天，我们到达了牙医诊所里，我站在这个病人对面，注视着她，对她说："你什么都感觉不到，你什么都感觉不到……"我一边继续着暗示，一边给牙医打了一个手势，牙医马上开始手术。这位小姐的牙齿很快就被拔了下来，而她却没有任何感觉，似乎这是一个很平常的事情。

过了一会儿，她开始觉得痛，我告诉牙医不用止痛剂，我将继续对她进行暗示，但不会预先告诉她将会发生什么事。接着我让这位小姐双眼注视着我，我暗示她，两分钟之内，她的疼痛将会自动停止，然后我们一起等待。她吐了一两次血之后，就觉得不疼了。我让她张开嘴给我们看看，我和牙医一起看到，她的牙床里已经形成了一个血凝块。

这种现象该怎样解释？简单来说就是，"疼痛就要停止了"这种想法带来的暗示，对潜意识造成了影响，于是潜意识向动脉和静脉发出指令，命令血液停止外流。血液服从命令,像接触了肾上腺素之类的止痛剂一样,停止外流,自动地开始凝固了。

如果患者的纤维状肿块是良性的,那么基于同样的原理,也可以用暗示疗法来消除肿块。暗示患者"肿块就要消除了",这种说法进入潜意识,潜意识接受并形成了这样的想法:"肿块要消失了",并命令动脉进行收缩,停止为肿块提供养分。于是动脉接受命令,迅速收缩,拒绝为肿块的生长提供任何服务,停止对它的供养。肿块因此而失去了养分的供应,只能死亡、变干,再被机体吸收,直至最后彻底消失。

神经衰弱在当下是一种相当普遍的病症。通常情况下,神经衰弱患者也可以用我所提出的方法,通过不断地自我暗示来进行治疗。我曾经用自己的方法治愈了众多患有神经衰弱的病人,这件事让我备感欣慰。

被我治愈的那些神经衰弱的病人,他们几乎都曾接受过其他方式的治疗,结果都以失败而告终。其中有一位患者,甚至在鲁克森伯格的一个专门的机构里接受了整整一个月的治疗,然而依然没有效果,各方面情况都没有任何起色。后来他找到了我,用我告诉他的方法,只花了6个星期的时间就彻底恢复了健康。在此之前,饱受病痛折磨的他曾经认为自己是世界上最不幸的人,随着身体的痊愈,他看起来比任何人都要快乐。而且他的神经衰弱再也没有复发过,他还给我演示了自己是怎样利用自我暗示取得惊人效果的。

对幼儿暗示的方式

很多家长也用暗示和自我暗示的方法来训练孩子,并纠正孩子的错误。

我认为，家长在运用暗示的方法时，应该等孩子睡着之后，独自轻轻地进入他的房间，在离床一米远的地方停下来。你对孩子有什么期望，比如希望他健康、勤奋努力，做个善良、有道德的孩子等，都可以在这个时候轻声地说出来，并至少重复20遍，然后离开。记住离开孩子的房间时，要像进来时一样小心翼翼，以免惊醒了孩子。这个举动特别简单，但却可能带来最好的结果。

这个原理其实很简单，孩子睡着了，他的身体和意识处于休眠状态，似乎不存在了。但是，他的潜意识却是清醒的，父母在他睡着时候所说的一切，都被他的潜意识接收到了，这一点毋庸置疑，潜意识会引导他向着父母期望的方向努力。

用暗示纠正行为问题

前面已经提到过，而且从这些例子中我们已经知道，暗示是自然赋予每个人的一种工具，是人类的秘密武器。自我暗示被有效控制后，可以更好地为人类服务。比如将暗示用来治愈精神上和肉体上的疾病，对于社会来说具有更大的帮助。再如，运用暗示来教育和感化那些犯了罪的可怜的孩子们，那么他们极有可能变成诚实的、值得信赖的人，从此告别犯罪生涯。不要告诉我这些不可能实现，我可以证明，暗示的治疗效果是真实存在的。

下面，我将引用两个病例，它们极具特色。同时，为了向大家解释暗示是怎样作用于道德领域的，以及它带来怎样的效果，我也会在案例中相应地穿插一些评论。

为了进一步加强对暗示的理解，我们首先来作一下比较。假设我们的大脑是一块钉满了钢钉的木板，这些钢钉象征着思想、习惯和本能等决定我们行为的东西。一个病人的身上可能存在许多不好的思想、不良的习惯、恶的本能，这些就像那个木板上坏了的钢钉一样。如果我们把新的钉子放在坏的钉子上面，用锤子轻敲一下，那么新的钉子就会钻进木板中一点儿，这个深度可能只有几分之一英尺，而旧的则会有同样的尺寸被挤出来。每当锤子打击一下，新钉子就会往木板中钻得更深一些，旧的钉子也会往外挤出同样的尺寸。当锤打到一定程度时，旧的钉子出来，它原有的位置被新的钉子彻底填补。同样的道理，当我们用健康的思想、良好的习惯和善的本能来进行自我暗示，它会一点点地替代负面的暗示，每进行一次新的暗示，就像用新的钉子挤出旧的钉子，当积极正面的暗示完全替代了负面的暗示的时候，我们的器官就会服从新的命令，有病的机体逐渐恢复正常的功能。

我们再来看看实验，小 M 是特洛伊城的一个 11 岁的孩子。大家都认为他是一个坏孩子，因为他不仅经常说谎，还常常偷窃。但他每天不分白天黑夜地遭受着病痛的折磨，这种病是婴儿常常生的病。

于是，我应他母亲的请求，通过暗示法来帮助他治疗。我们见过一次之后，他白天就没有再发病了，只不过晚上仍然会发病，但发作得没有以前那么频繁。过了几个月，这个孩子的病完全被治好了。而且他不只身体痊愈了，说谎和盗窃的行为也减少了，在不到半年的时间里，他终于再也没有这些不良行为了。

小 M 的哥哥 18 岁，他跟哥哥之间的关系不太融洽，原因是哥哥似乎特别憎恨他这个弟弟。如果哪天哥哥多喝了一点儿酒，就会像着了魔一样，拔出一把刀就刺向弟弟小 M。哥哥似乎以为总有一天会杀死自己的弟弟，而且就算杀了弟弟也不能消解掉他心里的怨恨。

于是，我也对这个哥哥使用了暗示治疗法。治疗的结果连我都感到吃惊，第一次治疗之后，哥哥就改变了。他不再怨恨自己的弟弟，后来这对亲兄弟居然成为好朋友，和睦相处。为了确认治疗结果，在很长一段时间里，我一直关注着他们的情况，最后发现治疗的结果是永久性的。

暗示居然能造成如此大的影响，带来这么好的结果，难道我们不能有意识地学习这种方法，并把它介绍给医院或者少管所，为更多的病人和失足的少年服务吗？我相信绝对有这个必要，而且我非常肯定，如果每天将暗示法应用在那些堕落的孩子身上，影响他们，感化他们，那么至少有50%的孩子都能改邪归正。将这种方法用在那些曾经被看作是道德败坏的人身上，帮助他们重新走上正途，变成善良的人，对于社会来说，这难道不是大功一件吗？

有人可能会提出反对意见，认为"暗示是一件危险的事，它可以被用于邪恶的目的"。但我要说，这种反对是无效的。因为，我们只挑选那些诚实可靠的人，比如少管所的辅导员，来传授暗示练习的方法。对于那些怀有邪恶目的，想利用暗示来做坏事的人，我们绝不允许他们掌握这种方法。

我想问问那些认为暗示会带来某种危险的人们，请告诉我，有什么东西是完全没有危险的？火药、铁路、电、自动化，还是飞机？麻醉品不危险吗？医生、药剂师每天都在少量地给某些病人使用，而且严格控制剂量，一不小心或者一时的粗心造成称量的错误，就很有可能会给病人造成伤害。

暗示是我们所拥有的一种巨大的能量，如果无意识地控制它，它也很有可能伤害我们。相反，如果我们有意识地、恰当地运用这种能量，学会自我控制，那么它不但能够帮助我们自己，使我们在任何情况下都能拥有快乐，而且还能帮助其他人摆脱生理上的或精神上的病痛。

第一章　惊人的潜能，天赋的力量

治疗笔记

当病人痊愈的时候，暗示治疗工作也就告一段落了。如果把我治疗过的病例全都写出来，恐怕会花很长时间，而且长篇累牍地也让别人看了厌烦，所以我在这里只列举一些被治愈的病例。这几个病例都非常典型，极具代表性。

哮喘

D小姐，特洛伊人，哮喘病曾经折磨了她8年。她常常一整晚都坐在床上，费劲地呼吸。经过实验，我发现她是一个非常敏感的受试者。在治疗的过程中，她很快就睡着了，然后我开始对她进行暗示。经过第一次治疗，结果表明她的病情在很大程度上得到了改善。

后来，除了某天晚上睡觉的时候因为哮喘发作而醒来15分钟之外，她再也没有像过去一样整晚都需要跟哮喘病作斗争了，睡眠质量得到了极大改善。再后来，在反复暗示的作用下，没过多久她的哮喘病就完全消失了，并且再也没有复发过。

瘫痪

M先生是一个小商人，住在特洛伊城附近。他已经瘫痪两年了，是由于脊椎骨和骨盆连接处感染导致的。不过，他只是下肢瘫痪，下肢充血、肿胀，表皮的颜色也变了，血液循环就像已经停止了一样。他曾去过几次医院，接受过治疗，甚至服用过抗梅毒的药，但不见效。

后来，经人推荐，他找到我这里，希望借助于暗示治疗法得到康复。在实验阶段，我引导病人进行自我暗示，整个过程持续了8天。结果比较成功。在治疗接近尾声的时候，出现了不容易觉察，但仔细观察仍然可以看到的现象,他的左腿竟然能够轻微移动了。仅仅只有8天的时间,却能取得这样的进步,效果已经很不错了。从那之后,他继续坚持自我暗示,每一周或两周都会有新的变化,情况越来越好,肿胀的面积也在逐渐缩小。11个月之后,也就是1906年11月1日,这位病人能够自己下楼了。1907年7月,他重新返回了工厂,回到了工作岗位继续工作。那个时候,单看他的动作,根本看不出有瘫痪过的迹象。

肠炎和精神抑郁

住在特洛伊的A.G先生长期患有肠炎,他曾找过不同的医生治疗,但都没有什么效果。长期的疾病痛苦造成他的精神状态也变得很不好,沮丧、郁闷,不善交际。在他的内心深处,甚至存在自杀的念头。

他来找我之后,我对他进行了初始实验,取得了成功。然后,暗示治疗开始,治疗的第一天就取得了显著的效果。在随后的三个月时间里,他每天都进行自我暗示。后来,每次暗示之间的间隔时间越来越长。最后,他终于彻底痊愈,所有的症状都消失了,肠炎没有了,而且他的精神状态也变好了。从那之后,过了十二年,他的病症都没有再出现过。可以说,他已经永久性康复了。

用暗示开发智能

这个例子可以被当作利用暗示和自我暗示的影响产生良好结果的典型。

G先生是一位普通的工人,为了挣到更多的钱,他一直在潜心研究一台机器。如果能够成功操作这台机器,那么他就不用每天都到工厂里去,在家里也一样可以工作,而且可以做得更出色。然而,由于他的基础不好,所以总是搞不懂机器的运转原理。他找到我,希望通过暗示的方式实现他的目标,也就是全面掌握那台机器的运转原理。

我针对身体和精神,分别对他进行暗示。他认真地接受了每一个暗示,信心每天都在增强。不久,他终于掌握了那台机器的原理,并能熟练地使用它。厂长注意到了他,认为他是一个相当不错的技术工人,于是就把梦寐以求的那台机器交给了他使用。

他的技术相当出色,能够生产出比别人更多的产品。老板很满意他所取得的成果,因此又把另外两台机器交给了他。后来,他总共掌管着六台机器,因此而获得了可观的收入。

如果没有暗示的影响,他可能始终都只是一个普通的工人。

肺结核晚期

D女士也住在特洛伊城,她患有肺结核,而且已经到了晚期。尽管能够得到特殊的营养补给,但她还是一天天地消瘦下去,每天不停地咳嗽、吐痰,呼吸困难。看起来情况很不妙,她的生命可能只能维持几个月了。

经过实验,结果表明,她是一个极其敏感的人。正因如此,暗示刚开始实施,她的情况很快就有了显著的改善。从第二天起,她的症状表现逐渐减轻,随着暗示治疗的进行,她的情况改善得越来越明显。尽管她已经不再补充特殊的营养,但体质却增强了。几个月后治疗结束了,她的症状也全部消失了。1911年1月1日,我离开特洛伊城8个月之后,她给我写了封信,表达对我的感谢,还告诉我她已经怀孕了,感觉非常好。

之所以选择这些比较久远的病例,就是为了证明,这些病人的病症已经永久性地消失了,他们彻底恢复了健康。

接下来讲几个近期发现的病例。

身体颤抖

X先生是一位邮局职员。1910年1月,在一次意外中,他的一个孩子走失了。这个不幸的事件导致他的精神紊乱,身体常常失控,抑制不住地颤抖。同年6月，他的叔叔把他带到了我这里。

初始实验之后，我开始对他施以暗示，然后让他回家自己练习。过了四天，他回到我这里，告诉我，他已经不再颤抖了。于是，我继续对他施以暗示，并让他八天之后再回来。然而，一周过去了，两周过去了，三周过去了，过了一个月，我仍然没有听到任何有关他的消息。

又过了一段时间，他的叔叔告诉我，X先生给他写了一封信，告诉他自己已经完全康复了，然后又回到了工作岗位，继续做电报员。这份工作原本是他的老本行，只不过在生病和身体颤抖的那段时间被迫放弃了。他轻松地发出了170字的电报。自从他在我这里治疗之后，病症就一直没有再复发过。

神经衰弱

南锡的Y先生，患神经衰弱已经好几年了，伴随着恐惧症，经常感到惶恐不安。而且，他的肠胃也不太好。此外，他时常感到烦闷，内心深处那个自杀的念头时不时地冒出来。观察他走路的模样，他看起来就像一个醉汉，步履蹒跚，摇摇晃晃。当时他给我的第一印象是：他的心里除了扰人的病痛，已经装不下任何东西了。

他曾经也到过很多不同的医院寻求过治疗，甚至去疗养院疗养，然而所有的治疗方法都不见效，他的病情也越来越严重。在我看来，以他这种情况，待在一个专门的疗养院里，没有任何效果也在意料之中。

1910年10月初，在别人的介绍下，Y先生找到了我。初始实验取得了成功。我给他解释了自我暗示的原理，告诉他意识和潜意识之间的关系，然后给了他一个必要的暗示。进行暗示治疗的最初两三天，Y先生并不了解我的解释，不过很快他就茅塞顿开了，掌握了我所教授的一切。

接着，我又重新对他施以暗示，同时他每天也会进行自我暗示。由于生病的时间太长了,所以他的治疗进展非常缓慢,但是后来改善得越来越快。一个半月之后,他痊愈了。这个不久前还自认为是最可怜的人,终于成了最快乐的人。

痛风后遗症

来自特洛伊城的 E 先生,痛风发作,他因为右脚踝红肿疼痛,导致无法走路。

经过实验,结果表明,他是一个非常敏感的人。于是我对他施以必要的暗示,叮嘱他每天要坚持自我暗示。仅仅只过了一天,他脚部的红肿就消失了,不痛了,走路也不用借助于手杖和马车了。

走的时候我要求他第二天回来找我,但他并没有按照我的要求回来。后来,他的妻子一个人过来了,她告诉我,约定的那天早晨,她的丈夫起床后穿上鞋,骑上车子去视察他的画室了,他是一个画家。相信大家不难猜到,我听到这个消息的时候多么吃惊。我没办法继续跟踪这个病人的治疗进展,因为他再也没有回来找我。后来,我从别人那里得知,他的病情再没有发作。

神经衰弱及多种病症

南锡的 T 女士,身患多种疾病,包括神经衰弱、消化不良、肠胃炎,浑身到处都疼等。她四处求医问药,持续了好几年,情况却一直没怎么改善。

她找到了我,我对她施加了暗示,她自己每天都要进行自我暗示。从第一天开始,她的病情就有了显著的改善,疼痛感几乎完全消失了。后来她又坚持不断地给予自我暗示,最终精神上和身体上的疾病都治愈了。尽管她以为自己可能仍然有轻微的肠炎,但是并不完全确定。没有依赖任何养生方法的帮助,却能取得那样的效果,对此她已经感到很满意了。

T女士的姐姐X女士也同样患有神经衰弱症,甚至严重到完全无法工作,日常活动也受到限制,每个月都有两周要在床上度过。此外,她还有消化功能紊乱、食欲不振的问题,心情沮丧。听说她妹妹治疗效果非常好,她也过来找我。她仅仅治疗了一次就痊愈了,此后再也没有复发过。因此,她的治疗效果似乎也是永久性的。

湿疹

H女士全身都有湿疹,左腿的症状特别严重,脚踝红肿得尤其厉害,疼痛难忍,走路异常困难。她找到我帮忙,我仍然使用暗示疗法来帮助她。当天晚上,H女士就能步行几百米,一点儿都没有感觉到脚部肿胀,也不觉得疼。随着后来治疗的持续,她的湿疹终于全部消失了,而且以后再没有复发。

疼痛

从10年前开始,P女士就常常觉得自己的肾脏和膝盖部位疼痛难忍,她到处求医,却始终没什么效果,而且病况越来越严重。我教给她暗示疗法后,她每天都进行自我暗示,不久,她的病情就得到了改善,病情一天天好转,没过多久就痊愈了,而且是永久性的康复。

肺充血

Z女士来自南锡,1910年1月,她突然病倒,医生说她肺充血。自发病起两个月,情况一直不见好转。同时,她还出现了身体虚弱、消化不良、食欲不振、大便困难或稀少、失眠、夜间盗汗等问题。

我利用暗示对她进行了引导,仅仅使用了一次,她就感觉好多了。经过两天的自我暗示,她回来告诉我说感觉身体非常健康,各种病症都消失了,所有器官的功能也都恢复正常了。有三四次感觉快要出汗了,但每一次都被她用自我暗示阻止了。从那以后,Z女士的身体一直都很健康。

第一章　惊人的潜能，天赋的力量

嗓子嘶哑

住在贝尔福特的 X 先生有一个怪毛病,他说话不能超过 15 分钟,一旦超过了这个时限,他就会感到嗓子嘶哑。他找很多医生看过,然而检查结果发现,他的发音器官并没有损伤。有位医生认为,病因在于他的咽喉已经开始衰老。可以想见,这个结论使他更加确信自己无药可救了。

他刚好到南锡度假,一位认识我的女士劝说他来找我看一看。一开始他不太愿意,但最终他还是同意了,不过他来的时候根本不相信暗示会有什么作用。

我用一贯的暗示法对他进行治疗,并告诉他两天之后回来。到了约定的那一天,他回来了,还告诉我,他在找我的前一天下午,一直在讲话,嗓子却一点儿都没有嘶哑。又过了两天,他再次跑来告诉我,他到我这里来的前一天不但说了很多话,而且还唱了歌,但是他的嗓子完全没有异常,老毛病没有一点儿要复发的样子。他后来一直保持着这种健康的状态,我相信目前也是这样。

儿童心脏病

有个 13 岁的小朋友 B,他患有严重的心脏病。1912 年 1 月,他因为出现了呼吸障碍而住进了医院。由于呼吸困难,他不得不迈小步,缓慢地行走。

我们这里最好的大夫中的一位,担任了他的主治医生。医生给他做过详细的诊断,然后给他制订了一个最终的治疗方案,这个方案的执行耗时短。但是,直到 2 月出院的时候,他的病情也没有任何好转。于是,他的一个朋友带他来找我。

我第一次看到他的时候,感觉他的病情的确很严重,甚至连我都不敢相信他还有康复的希望。但我还是决定和他一起做最后的努力,争取能够创造奇迹。不可思议的是，奇迹真的发生了，他成功地通过了初始实验，效果惊人。

我对他施加了暗示，引导他学会自我暗示，然后我嘱咐他两天后回来复诊。过了两天他再次回到了我这里，简直是太神奇了，他的呼吸和步行状况都有了显著的改善。于是，我再次对他施加暗示，第二次复诊的时候，他的情况好转了更多。

从那之后，每一次暗示都能引导他的病情向着好的方向转变。到了第三周，我的小病人已经能够和他的母亲一起步行到威勒斯高原了。在旅行的过程中，他的呼吸再也不像从前那样费劲了，几乎已经能跟普通人一样呼吸了。他走路也没有那种喘不过气来的感觉了。此外，他还能爬楼梯，这对于过去的他来说根本就是不可能完成的任务。

随着病情的好转和稳定，这个小家伙问我，他能不能跟爷爷住一起，他爷爷的家在卡瑞恩。由于他看上去已经恢复得不错了，所以我鼓励他这样做。他去了爷爷那里，还经常告诉我一些有关他的近况，说他的身体已经越来越好，胃口也很好，吃进去的食物能够得到很好的消化和吸收。他再也不觉得郁闷了，不但可以像别人一样走路，还能跑来跑去捉蝴蝶。

10月的时候，他从卡瑞恩返回来看我，我几乎认不出他了。这个5月从我这里离开时还非常瘦弱的小家伙，居然已经长成了一个高大挺拔的大男孩。他长高了1厘米，重了9.5公斤，而且脸色看起来非常健康。打那以后，他一直过着正常人的生活，跟别的孩子一样在楼梯上跑上跑下，骑自行车，还跟他的同学一起去踢足球。

疼痛

13岁小姑娘X，来自日内瓦。她经常觉得太阳穴那个地方特别疼，看过几个医生后，被确诊为早期结核病。随后在一年半的时间里，她一直被当作结核病人来治疗。

后来,她被带到了日内瓦的鲍德恩先生那里接受治疗,鲍德恩先生是我的一个学生。他为这位小病人实施了暗示治疗法,她接受了暗示。一周后去复诊时,她说自己的疼痛感已经完全消失了。

脓肿

Z小姐也是日内瓦人。她小时候接受过一次常规的手术,术后右腿膝盖以上部位全部脓肿,从那以后她的右腿一直无法行走,过了17年,情况仍是如此。

Z小姐也找到了鲍德恩先生,请他对自己进行暗示治疗。可以说治疗刚开始,她的脚就能正常地屈伸了。显然,在这个病例中,造成Z小姐无法行走的原因并不在身上,而在她的心理。

静脉曲张溃疡

55岁的艾本·玛丽恩女士,来自麦克西维尔。1915年9月,她来到我这里的时候,已经患静脉曲张溃疡超过一年半了。我给她施加了暗示疗法,一周后复诊时,她的情况明显好转。两周后,她已经完全康复了。

心脏中有异物,吐血

10岁的埃米尔·查侬是一个小难民,来自梅斯,住在芸香大街19号。他有心脏病,但一直没有查出确切的病因,医生认为可能是心脏中有异物。不仅如此,他每天晚上都会吐血。

1915年7月,他第一次来我这里,接受暗示治疗。经过几次治疗之后,他再也没有吐血了。整个治疗过程持续到了当年11月底,那个时候他终于完全康复了。他后来再去医院检查时,医生告诉他,他心脏中的异物已经神秘地消失了。从那以后,过去困扰他的那些疾病都没有再复发过。

慢性支气管炎

来自布瑞恩的海泽特先生，48岁，他从1915年1月5日起，就患上了一种不同寻常的慢性支气管炎，而且病情一直在不断恶化。

1915年10月，他找我帮忙治疗。接受暗示引导之后，他的情况开始迅速好转，并且越来越好。截至我写下这份笔记的时候，他的身体虽然没有完全康复，但已经恢复得相当不错了。

鼻窦炎

B先生是一位鼻窦炎患者，病史长达24年，期间曾经动过11次手术。但是鼻窦炎仍然持续发作，难以忍受的剧痛不间断地折磨着他。所以他没有食欲，体质极弱，身体状况非常糟糕，甚至连普通的行走、读书、睡觉都做不到。

饱受疾病困扰的他，精神状况也同样糟糕。他长期心情烦闷，总是郁郁寡欢。尽管南锡的伯恩海姆、巴黎的德再瑞、伯恩的德布斯等名医，都曾对他进行过治疗，但他的身体状况依然不见任何起色，病况反而一天天地恶化下去。

1915年9月，有人建议B先生来找我治疗，而那个介绍他过来的人曾经是我的病人。B先生过来了，我对他施以暗示。从那时起，他的身体状况开始明显好转，可以说每天都有好的变化。到了1916年，他已经完全康复了，而且是永久性的恢复，因为再也没有复发过。

"保斯病"

家住赛利街39号的南基盖斯特是位年轻的小伙子，18岁的他却患了一种被称作"保斯病"的怪病。足足有6个月的时间，他不得不裹着石膏绷带度日。

1914年年初，他来我这里接受暗示治疗。此后，他每周来我这里两次，参加集体的暗示治疗活动，而且他每天早晚都会进行自我暗示。过了不久，他终于摆脱了石膏绷带的束缚。

1916年4月，我再次见到他的时候，他已经完全康复了，还成为一名邮递员。后来，他在南锡的一家疗养院里当助手，一直待到疗养院解散为止。

眼皮抬不起来

D先生，扎维尔人。他左眼的上眼皮抬不起来，为此他曾到一家医院去接受注射，但是，经过治疗后眼皮虽然能够抬起来了，左眼却向外偏斜了超过45度，医生认为只能通过手术矫正。

这个时候，他找到了我，希望接受暗示治疗。在暗示和自我暗示的作用下，他左眼的位置逐渐恢复了正常。

疼痛

南锡的L女士，说自己右半边脸一直疼痛，这种疼痛持续了10年。她曾经找过很多医生治疗，但是都没有什么效果。有的医生说，要治愈她的疼痛必须进行一次手术。

1916年7月25日，在别人的介绍下，L女士来到我这里接受暗示治疗。从那天之后，她的情况开始迅速好转。大约过了10天，她已经完全没有感觉到疼痛了。直到我写下这段记录的时候，她也没有再觉得疼。

跛足

南锡的小家伙T，8岁半，他的脚天生畸形。他曾经去医院接受过治疗，经历了第一次手术之后，他的左脚基本恢复了正常，但右脚仍然残疾。之后，他又经历了两次手术，然而情况并没有任何改善。

1915年2月，这个孩子第一次被带到我这里。当时，借助于两个特殊的装置，他双脚能够保持直立，并能很好地走路。经过初步的暗示引导，他的情况开始迅速好转。第二次治疗结束后,他已经可以穿着普通的鞋走路了。之后,他的进步越来越明显,到1915年4月17日为止,这个孩子右脚已经完全好了。然而1916年2月,他不小心扭伤了右脚,所以后来右脚不如过去那么结实。

肿胀及疼痛

家在布雷威尔的X小姐,她的左脚有一个可能是特殊病原体感染造成的伤口。后来,一次轻微的扭伤造成她的脚肿胀起来,疼痛剧烈。她尝试过各种不同的治疗方法,但都不见效,更糟糕的是,过了不久,她的患处又出现了一个伤口,还化脓了,看上去像是骨疡。医院的诊治对于改善她的病情并没有多大作用,她走路的时候仍然疼痛难忍,甚至根本无法行走。

曾经在我的帮助下痊愈了的一个病人,建议X小姐来找我。她在我这里接受第一次治疗之后,病痛就明显减轻了许多,肿胀面积逐渐变小了,疼痛也没那么剧烈了。后来在持续了几个月的暗示和自我暗示治疗的影响下,她的伤口终于全部愈合了。她能够正常走路,脚完全不肿了,也不疼了,不过,她脚背的肌肉还没有完全恢复,所以看起来有点儿轻微的跛脚。

子宫炎

查维格内的R女士,患子宫炎已经有10年的时间了。1916年7月底,在别人的建议下,她来到我这里接受暗示治疗。我对她施加了暗示之后,她的病情很快有了改善,疼痛和出血的症状迅速减轻了。9月29日,她的子宫炎彻底痊愈了。过去,她每次经期要持续长达8~10天,而炎症消失后,经期只要4天就结束了。

住在乔依斯·勒·罗依的D小姐也患有子宫炎。1916年7月,她在我这里接受过一次暗示治疗。那次之后,她自己每天早晚进行自我暗示。1916年10月,D小姐回来告诉我,她患了20多年的子宫炎已经痊愈了。直到1920年4月,她的病都没有再复发过。

还有一位住在芸香大街(威尔·万尔)105号的马丁女士,她的子宫炎持续了13年,经常感到疼痛,还有红白带下。她的月经周期为22~23天,经期持续10~12天,每次都疼痛难忍。1917年11月15日,她第一次来到我这里,接受了暗示引导,病情得到了极大改善。后来她每周都按时复诊,暗示治疗一直持续到1918年1月初,她的炎症终于完全消失了,周期正常了,每次都没有任何疼痛,甚至连她疼痛了13年的膝盖也被治好了。

静脉肿胀和溃疡

南锡的H女士,49岁,她患有静脉肿胀,还伴有溃疡。1914年9月,她开始接受医生的指导治疗,但是病情并没有丝毫好转的迹象。她腿部下端溃疡的面积很大,患处严重红肿、化脓,痛彻心扉,甚至在脚踝的上部,还有一两个硬币大小的溃疡深得可以看见骨头。

1916年4月,她来找我接受暗示治疗。经过第一次治疗之后,她的病情有了显著改善。截至1917年2月18日,她腿部的肿胀终于完全消失了,也不疼了。虽然伤口还没有完全愈合,但面积只剩下豌豆大小,深度也只有几毫米,有时会流脓,但很轻微。暗示治疗持续到1920年才正式结束,那个时候她的伤口已经完全愈合了。

神经过敏和头痛

16岁的D小姐,住在麦尔科特。她的神经过敏症持续了3年,开始只是偶尔发作,后来发作的次数越来越多。1917年4月1日,她来到我这里接受暗示治疗。

在到我这里之前，两周的时间里，她的神经过敏症就发作了3次。可是从我这里回去之后，一直到4月18日为止，这18天的时间里她的病症再也没有发作。而且，就连她过去经常发作的头痛也好了，再也没有复发过。

意外收获

43岁的M女士，住在梅泽维尔的德·阿蒙斯大街2号，她经常头痛，而且很严重。1916年，她找我帮忙治疗，用过几次暗示疗法之后，她再也不感到头痛了。

在两个月的时间里，她经常每天早晚都要进行自我暗示："每一天，我在每一方面都变得越来越好。"结果她意外地发现自己的子宫炎竟然也消失了。而最开始找我的时候，她并没有提到自己有子宫炎，在做自我暗示的时候，她也没想到过。这个意外的收获，应该归功于她的自我暗示，"在每一方面"这几个字使潜意识主动帮她治好了各种不同的病。

还有一位住在德丝·多梅内森大街的茱丝琳女士，60岁，她的右脚肿胀得厉害，疼痛剧烈，不能走路，她每天都是在呻吟中熬过来的。

1917年7月20日，她来到我这里寻求医疗帮助。那天，在接受了我的暗示治疗后，她又参加了一个以暗示治疗为主题的集体活动，活动结束后，她惊讶地发现，自己竟然能够正常走路了，而且一点儿都没有觉得脚疼。我嘱咐她4天之后回来复诊，当她按照约定的时间回来时，告诉我，她的疼痛感一直没出现过，脚上的肿胀也消失了。她还告诉我，自从那次参加了关于暗示治疗的集体活动之后，她的肠炎也消失了。截至1917年11月，她过去的那些毛病都没有再复发。

口吃

住在德·蒙太特大街 88 号的 G.L 小姐,15 岁,说话结结巴巴,这个口吃的现象从她还是婴儿的时候就出现了。1917 年 7 月 20 日,她到我这里接受暗示治疗,取得了立竿见影的效果,她的口吃被治好了。过了一个月,我再见到她时,她说话不再结巴了。

风湿性疼痛

60 岁的菲瑞先生,住在得拉克特大街 56 号。他的肩膀和左腿因为有风湿而常常疼痛,行走困难,需要借助拐杖,胳膊甚至抬不到肩膀的高度,这种情况持续了 8 年。1917 年 9 月 17 日,第一次接受暗示治疗结束之后,菲瑞先生就没再感到疼痛了。后来,他不仅能步行到很远的地方,还能跑步,两条胳膊也能转得像风车一样。一直到那年的 11 月,他都非常健康。

来自因威尔的凯斯特丽女士,41 岁,她的右腿膝盖有风湿,每隔一段时间就会被疼痛所困扰,这种情况持续了 13 年。5 年前,她的病情突然加重,小腿肿得跟膝盖一样粗,甚至腿的下半截开始萎缩。她的脚只要一走路就会疼得厉害,无奈只能依靠手杖或拐杖的帮助。

1917 年 11 月 5 日,她找到我寻求帮助。第一次暗示治疗结束后,她没有使用手杖,也没有借助于拐杖,独自离开了。从那以后,她再也不需要拐杖了,不过偶尔还要借助手杖来支撑一下。虽然有时仍然会觉得膝盖疼,但与过去相比,疼痛的程度完全可以忽略不计。

还有一位 52 岁的女士也住在因威尔,这位麦德女士同样经常感到膝盖疼。6 个月以来,她的腿、膝盖一直疼痛、肿胀,右腿根本无法弯曲。1917 年 12 月 7 日,麦德女士来到我这里进行第一次暗示治疗。1918 年 1 月 4 日,她回来复诊时,说自己的症状几乎完全消失了,走路也比较正常。

这次复诊之后,她的病痛完全消失了,走路也跟正常人一样。

综合以上病例,我们可以得出一个简单的结论,只需要几句话足以概括:我们每个人都拥有一种巨大的与生俱来的力量,即暗示。如果我们无意识地操纵它,结果很有可能给我们造成伤害。相反,当我们有意识地、巧妙地利用暗示时,不仅于我们自身有利,使我们能够适应任何环境,生活得快乐,而且还能帮助其他人摆脱身体上的、精神上的疾病带来的烦恼。

最后,也是最重要的一点,对于那些在正确的道路附近徘徊的人来说,暗示的力量将给他们带来新生,使他们的精神面貌焕然一新!

病由心生

疾病不过是潜意识的一种表现形式,无论哪种形式的疾病,实质上都是潜意识制造出来的。很多生理上的疾病,说到底最根本的病因在于潜意识,或者可以这么说,绝大多数生理上的疾病都是心理原因造成的,这一点已经得到了现代医学的证明。

当你心里有发愁的事情时,它会在生理上反映出来,眉头紧锁,一脸烦恼,这种反映不仅是在脸上,其实整个身体都在发愁。生命体是相互关联的,由血液、细胞、器官等组成。有句话叫"牵一发而动全身",就是这个道理。先进的现代医学技术,只需要检测一根头发,就能知道一个人的健康情况。你高兴的时候,精神愉悦,五官、五脏六腑都舒展放松,正所谓"眉开眼笑""喜笑颜开";你心情轻松的时候,全身的肌肉都放松,比如"心宽体胖""心平气和";你担忧、害怕的时候,身体也在发愁,比如"心惊肉跳""提心吊胆"。

潜意识是温情的,同时也是无情的。你可以把疾病看作潜意识的一种温情的保护,也可以把它看作是一种无情的惩罚。当你工作异常辛苦,身体和心理都承受着巨大的压力时，为了避免你的身体不堪重负，潜意识会忍不住想让你休息一下，给你制造点儿疾病，比如感冒。生病给了你逃避工作的借口，使你免于自责、惭愧或感到不安；因为生病，你可以不用承担各种责任，甚至包括法律责任，精神病就是得了不治之症，摆脱生活的各种痛苦和精神上的折磨将指日可待。

潜意识不仅可以制造疾病，在某种意义上保护你，它还能制造危险和事故，给你预警。比如，切菜的时候切到了手指，站在机器旁边不小心把手绞进了机器里。

我们已经知道了潜意识制造疾病的原因和原理，在现实生活中，也常常看到很多相关的实例。比如，那些整天忧心忡忡、愁眉不展、吃不下睡不着的人，通常身体都不太好，经常生病，不是这里疼，就是那里不舒服。而那些每天笑逐颜开、天塌下来当被子盖、吃得香睡得着的人，往往身体健康，神采奕奕。

当你感觉身心俱疲的时候，如果能静下心来进行自我分析，会发现，不管是身体的疲劳，还是心理的疲劳，实际上，都是自己想象出来的，你付出的劳动使你产生的疲劳并不如表现出来的那么强烈。当你心不甘、情不愿地做着某件事情的时候，往往会产生勉强、厌倦、退缩等心理，于是潜意识就会制造出疲劳的感觉。

所以，如果你希望恢复和保持生理及心理上的健康，就应该利用暗示的作用，将一些积极的、有益的、正面的信息植入潜意识，通过潜意识的影响，引导身体和心理向着好的方面发展。如果你不想生病，没有人能让你生病。如果你渴望青春永驻，请在理智上给自己一个年轻的意念，每天对自己说"我会越来越年轻"，重复很多次。

第二章 暗示在教育中的作用

孩子对任何暗示都极其敏感,他们总是愿意学着去做他们所看到的事情,不管这些事情是好事还是坏事。当你用一些负面的言辞来形容孩子,比如,说他(她)是一个爱撒谎的孩子,他太懒惰,他很愚蠢,或者说他是个坏孩子等,这些话语实际上是一种暗示,最终很有可能变成现实,所以,千万不要这样说孩子。如果你希望他成为一个优秀的人,就要经常用正面一类的暗示。

胎教是有效而有必要的

对孩子的教育从胎教开始,他(她)还没有出生就已经接受教育了,这个观点听起来似乎很荒谬,但我要告诉大家,它是一个无可争议的事实。

相信每个孕妇对胎儿的性别、生理特征、心理特征等都有一定期待,实际上,在怀孕几周之后,准妈妈可以根据她心里对孩子的那些期待,在脑海中勾勒出与肚子里的宝宝相关的情形,并在整个怀孕期间不断地加深这种印象。那么,她所生的孩子在性别、特征等方面就会像她描绘的那样,满足她的期盼。

纯朴的妇女可能会培养出朴实的孩子,由于他们的母亲强烈地希望孩子长大后成为保卫国家的英雄,所以他们长大后会成为孔武有力、令人畏惧的武士。但是在雅典城里,那些有思想的母亲,都会生出聪明的孩子,他们过人的智慧往往比自己的身体素质强百倍。

我们把这种孕期教育的方式简称作胎教,接受过正确而良好的胎教的孩子,出生后,更容易接受那些有益的暗示,并且能将这些暗示转化成自我暗示。相信大家都已经知道这一点,即我们所有的言语、行为只不过是自我暗示的结果,自我暗示是在实例暗示、语言暗示的作用下产生的。所以,那些孩子们也会通过由暗示转化形成的自我暗示来指导自己的行为,从而对他一生的性格、思想、价值观等形成有益的影响。

负面暗示毁人不浅

对于孩子的父母来说,或者对于专业的教育工作者来说,要怎样做,或者说该采取怎样的暗示方式,才能避免引发孩子心里的负面的自我暗示呢?怎样才能帮助孩子们形成积极有益的自我暗示呢?

要做到的一点,也是最为重要的一点,首先就是端正态度。父母或者老师,在与孩子交流及相处的过程中,应该尽量保持心态平和,在孩子面前,千万不要用尖刻的言辞批评、指责孩子或他人,避免态度粗暴地对待孩子或他人。比如,保姆不小心在客厅里打碎了东西,一定不要当着孩子的面大声斥责她。因为你粗暴的态度会形成一种暗示,将苛刻、愤怒等负面情绪引入孩子的自我暗示。遗憾的是,现实生活中常出现的情形是,父母或者老师在孩子面前做了坏榜样!孩子一定会不断效仿这种事例,为今后的酿成祸事埋下了隐患。

其实,如果你用温和而坚定的语调跟孩子讲话,反而不会激起他的逆反心理,他更容易顺从你,接受你的意见。

当孩子提出一些天真的问题时,不要说他很烦,也不要用"你长大了就会知道了"这种话来敷衍他,你必须用愉快而温和的语气来回答他的问题,尽你所能地给出关于这个问题的清晰而详尽的解释。这样做一方面可以引导他们理解这个世界的万事万物;另一方面也可以激发他们探索世界的兴趣,唤醒他们对世界的热爱。

如果你希望孩子变得勤奋上进,记住在任何情况下都永远不要指责他说:"你除了懒惰,没有任何优点。"因为你的这番言辞只会让孩子身上真的产生你指控的那些缺点。

如果一个孩子很懒惰,你交给他的事情,他做得很糟糕,那么你应该对他说:"做得不错,这次的表现比平时好多了。"尽管事实并不是这样的。但你以表扬代替了批评,会对孩子形成一种积极的暗示,他下一次一定会做得更好。鼓励是明智的做法,日积月累,他最终会成为让你满意的人。

不管什么时候,都不要当着孩子的面谈论疾病,因为会形成不良的暗示,给他们造成负面影响。相反,应该经常给孩子灌输这样的意识:健康才是常态,生病是不正常的,只有保持有节制的、有规律的生活,才能避免走向堕落。

很多家长教导孩子,这个很可怕,那个不要碰;太冷了会生病,太热了不舒服;不要淋雨,不要吹风;等等。本意是为了让孩子避开危险,结果只会造成孩子某个方面有缺陷。比如有的家长为了让孩子害怕,经常给孩子讲各种妖魔鬼怪的故事,或者狼人的故事,孩子确实感到恐惧不安,但结果是他从童年起就形成了胆小、怯懦的性格,这种性格将伴随他一生。如果你想把儿子培养成真正的男子汉,就不要告诉他这个不准,那个要避开,而应该让他自己去经历。通过亲自经历,他会学会怎样避免使自己受到伤害,对于变化也不会心存抱怨。

被肯定的孩子更自信

如果父母没有时间或精力亲自抚养孩子,那么在选择受托人时,一定要非常谨慎。他们不只要爱孩子,还必须具备你所期盼的素质,而这种素质正是你希望自己的孩子拥有的。

耐心地对待孩子,清晰详细地解释孩子在工作或学习中必须面对的问题,并以一种能被孩子接受的方式来处理这些问题,使它们变得更简单,这样做能激发孩子的兴趣,唤起他对工作和学习的热爱。比如,为了引起孩子对下一章课程的兴趣,可以试着加入一些相关的有趣的小故事的讲述。

我们要尽力将这样的意识灌输给孩子们:无论工作的形式是什么,每个人都必须工作,只有工作者才能享受工作本身所带来的健康和满足感。而那些不从事任何工作的人,人生是毫无价值的。渴望无所事事和整天什么都不干的人,只会觉得每天都疲倦不堪,他可能患神经衰弱症,极有可能对生活感到厌倦。而由于每天过着无聊的生活,享受不到工作带来的满足感,所以很容易误入歧途,甚至走上犯罪的道路。

我们还应该给孩子们哪些积极的暗示呢?

礼貌与尊重:礼貌、和气地对待所有的人,尤其是那些身份、社会地位比自己低微的人,以及在某些方面可能不如自己的人;尊敬老人,绝不能嘲笑那些因为年纪老迈而导致身心有缺陷的人。

关爱:爱所有的人,不管他们是富裕的还是贫穷的;随时准备对那些需要帮助的人伸出援手,对于因此而付出的时间与精力并不计较。总的来说,就是彻底抛弃利己思想,关心他人胜过关心自己。这些做法将给孩子的内心带来极大的满足。

  自信：从事任何一种工作都必须遵从理性的指导，以避免冲动行事；一旦得出一个判断，作出一个决定，就必须严格遵守，不要轻易更改，除非某个后来发生的事实证明之前所作的决定是错误的。记住重要的一点，这一生做任何事情都要抱着必胜的坚定信念，依靠这种信念的影响，一定会获得成功。坚定信念，并不意味着只需要静静地等待事情的发生，而是以它为动力，努力去完成任何希望获得成功的事情。为此，要懂得怎样去利用时机，不错过任何出现的一丝一毫的机会，这机会也许是唯一可能出现的。相反，那些认为自己不管做什么事情都不会成功的人只会不断地失败，因为这种想法会把他向失败的方向推去。

  孩子的联想能力非常强，把他想做的某件事情提出来，他就会去做。父母希望孩子身体、心理都健康，那么就必须有意识地制造一种暗示，在孩子会说话之后，每天教他说"每一天，在每一方面，我正变得越来越好"，早晚重复20遍。慢慢地，它将进入孩子的潜意识，形成自我暗示。

给孩子灌输积极暗示的方法

  为了帮孩子纠正缺点，挖掘出他潜在的、与众不同的才能，家长和老师可以尝试下面这些暗示的方法。

  每天晚上，孩子睡着之后，家长轻轻地靠近他，然后在与床有一定距离的地方站定，为的是避免惊醒孩子。接着，用单调的声音，低声地重复那些你所希望孩子做到的事。

  对于老师来说，每天早上都应该以下面这种方式或类似的方式对学生进行暗示。具体做法是：

让孩子们都闭上眼睛,对他们说:"孩子,我希望你们对待每个人都能够非常有礼貌,耐心地听从你们的父母和老师所提出的要求和劝告,不要觉得烦,他们所说的一切都是为了你们能够健康成长。理解那些给予你们忠告的人,感谢他们。

"不管你的工作内容是什么,从现在开始,热爱你的工作。爱上你必须掌握的知识与技能,尤其是一直以来你不喜欢的那些内容。

"上课的时候,你要全神贯注地听老师所讲的内容,忽视周围所有可笑的话语和小动作,你自己也不能故意去讲一些事情引人发笑。做到了这一点,孩子,你就会特别聪明,你很容易就能理解并记住老师所讲的内容,它们将变成你的知识,储存在你的脑海里,随时等待你的召唤。任何时候,只要你需要它,它就能为你所用。

"当你独自完成一项任务,或在家里自学某一门课程的时候,只要你的所有精力都集中于正在从事的事情上,那么你一定能取得比较好的成绩。"

一个人,从今天开始,如果能够严格地遵循以上建议,那么他的生理、心理将会拥有最强的能力。有的人因为没能充分理解自我暗示的原理和动作方式,所以可能会认为,孩子还没有出生,父母就对他(她)进行教育,这种观点和做法实在是太荒谬了。关于这个问题,由于前面已经解释过,所以在这里我就不再重复说明了。我要告诉大家的只有一点,在每个人生命体的所有功能中,想象发挥的作用是最为重要的。一位准妈妈进行想象的训练,或者说,通过进行自我暗示,她可以决定自己孩子的性别,这一点已经得到了某些医疗权威人士的证实。而且孩子身体上和精神上的特征,在很大程度上也能由准妈妈的潜意识决定。要达到这个目的,有效的做法是,准妈妈按照自己所期望的样子,在潜意识里想象着肚子里宝宝的性别，刻画他（她）的模样，想象宝宝拥有妈妈希望他（她）具备的一切品质。

自我暗示所带来的重要影响是，孩子具备的某些特征可能远比父母所期望的更为优秀。但这并不是说孩子原有的特点会减弱。事实上，正好相反，随着孩子一天天长大，他（她）在自我暗示的影响下所产生的特征，很有可能取代在暗示的影响下所产生的特征，并且在他（她）今后的人生中占据主导地位。但是有一点必须要记住，那就是我们的行为在很大程度上是过去的外部暗示或者示例的影响引发的结果。因此，对于所有的家长来说，尽早对孩子展开教育，并对影响和塑造孩子思想的暗示加以控制，显然是一项非常重要的工作。父母以及教育工作者运用暗示的方法时，必须谨慎，在对孩子施加正面良好的暗示的同时，要不遗余力地排除可能给孩子造成不良影响的暗示。

为了解释最好的做法，我打算列举出一些命令或者暗示。当然，所有这些都只是概括性的，或者说比较通用的暗示。在具体运用的时候，应该根据每个人自身情况的不同和所处环境的不同而做相应的调整或改变。

首先，家长要注意对待孩子的态度，不要粗暴地对待孩子，否则会激怒他，引起他的反感、畏惧甚至是憎恨，尽量让孩子保持心平气和。你用温和但是坚定的语气跟孩子交谈，才有可能使他保持心平气和。你要劝说他，而不是威慑他，他才有可能听从你的劝告，接受你的影响。

其次，要注意以下几点。

第一，避免在孩子面前中伤他人。这一点很重要，你在背后中伤他人，极有可能引发祸事。如果你在孩子面前说别人的坏话，他们以后一定会沿袭你的做法。所以，千万不要在孩子面前中伤他人。

第二，找到能唤醒他们意识中对于理解自然界的渴望的途径，使他们保持对自然界的兴趣。当孩子向你提问时，千万不要说"你又来烦我了"，"你长大了就明白了"，正确的做法是明确回答他的问题，而且要以幽默的方式。很多家长就是因为对孩子的问题不耐烦，敷衍他，结果导致孩子慢慢丧失了学习的兴趣。

第三，多鼓励孩子。孩子是最需要鼓励的，就算他有懒惰倾向，或者经常粗心大意，你称赞他："好，你今天做得比过去好很多。你进步了，我很高兴看到你在努力。"这句夸赞所带来的结果要比批评和指责好得多。尽管他可能并没有取得你所称赞的进步，但是没关系，进步、优秀和努力的暗示将会进入他的脑子里。鼓励是一种巧妙的暗示，这种明智的做法对孩子的潜意识产生的影响，最终会引导他向着你期待的方向发展，你的暗示在不知不觉中变成了现实。由此展开，不管什么时候，都不要用爱撒谎、懒惰的、愚蠢的或者更为恶劣的词语来形容孩子，这些批评的话语所产生的负面效应的影响，与鼓励的暗示使孩子变得更优秀的影响一样巨大。

第四，避免当着孩子的面谈论疾病。谁都希望疾病远离自己，但一个人在谈论疾病时，他的自我暗示会迅速地把这个概念传递给身体，结果很可能导致他真的患上原本避之唯恐不及的疾病。所以家长要把这样的暗示传达给孩子：身体健康才是常态，生病并不常见。因为不遵循自然法则，所以才会生病。

第五，不要吓唬孩子。为了让孩子听话而讲一些妖魔鬼怪或者猛兽之类的故事来吓唬小孩，其实是一种非常残忍的做法，恐惧会因此而慢慢占据孩子的思想，使他形成胆小、懦弱的性格，对他成年以后的生活造成严重打击。别再用恶劣的天气会导致生病的话语来警告孩子，你应该告诉他，人类生来就具备遭到寒冷、炎热、下雨、刮风之类恶劣天气的考验，也不生病的能力。人之所以会生病，其实都是因为错误的思想。

第六，引起孩子对学习的兴趣。相信每位老师都希望孩子们迫切地期待他来上课。如果在课堂上，引入与当堂课的主体有关的一些奇闻趣事，可以使老师的讲授变得更加生动有趣，从而引发学生学习的兴趣。当老师微笑着对难点进行解析时，学生们会产生"这个难点并不难"的想法，从而喜欢上学习。

第七，一点一点地给孩子灌输热爱劳动的思想。孩子的思想其实很容易改变，家长要做的是正确的引导。告诉孩子：劳动是人类的天职，每个人都必须劳动，无所事事是可耻的，而且对健康也不利。一个整天什么事都不做的人，他的身体和精神都非常容易生病，各种奇怪的疾病都会找上他。日积月累，这种暗示会被孩子的潜意识所吸收，形成他的思想，并塑造他的性格。

第八，家长要为孩子树立良好的榜样。仅仅只是列举一个好孩子应该具备的所有品质，根本没有必要。我在这里也不是要讨论这些，而只是希望能够解释，在教育和培养孩子的过程中该怎样运用暗示和自我暗示。

我们都知道"身教胜过言传"，榜样的力量远远超过许多言语的教诲。认识到了暗示的真谛，那么掌握自我暗示的力量将变成可能。孩子对暗示是极其敏感的，他们总是愿意模仿自己所看到的言行，不管是好是坏。所以父母和教育工作者的首要任务就是给孩子树立一个良好的榜样。

第九，孩子睡着的时候，你可以给他们施加暗示。每天晚上，孩子的意识逐渐模糊，即将睡着时，或者睡着之后，你悄悄走进他（她）的房间，在离他（她）的床不远的地方站定，避免惊醒他（她）。然后轻声重复你希望他拥有的品质，或者希望改正的那些缺点，重复的次数在 15~20 遍。不要因为重复同样的语句而觉得单调乏味，其实这种重复恰恰是接近潜意识的最有效的做法。能够给潜意识留下深刻印象的,并不是什么妙语佳句或者逻辑缜密的雄辩,反而是那些不起眼的简单而重复出现的词句。三言两语简单话语的重复,足以把你的观点表达清楚,从而取得绝佳的暗示效果,纠正孩子性格上的缺点,培养他暂时不具备的品质。过多的表达反而会画蛇添足,结果适得其反。

第十,老师对孩子进行暗示。在学校里,每天上课前,老师如果能对孩子进行正面暗示,将取得显著的效果。首先,老师要求孩子闭上双眼;然后,对他们说:"孩子们,我相信你们都会变得善良、有礼貌,彼此之间相处友善,听父母和老师的话。父母和老师都是为了你们好,所以你们会记住他们的教诲。你们非常勤奋,热爱学习,就算不喜欢这门功课也不会放弃它。在课堂上,你们会一直聚精会神地听讲。上课时的各种小动作或者开小差都是浪费时间的行为,只会令人感到遗憾。无论一门功课需要学习的是什么样的内容,对于勤奋的人来说,理解起来并不困难。你们会记住听到的每一句话,每一个知识点,将那些知识储存在你们的大脑里,需要用的时候能够马上从脑子里调出来。"

想象造就性格。当然,上面提到的只不过是就暗示的方式所举的一个例子。在实践过程中,老师可以根据实际情况对它加以修改,也可以根据自己的特殊要求进行改进。问题的关键并不在于列举的那些语句,而在于采取暗示的方式。还有,老师在对孩子们施加暗示的时候,根本没必要告诉他们暗示的目的。如果开始的时候孩子们发笑,也许他们没有把注意力放在接受暗示上,没有关系,不必太在意。当老师的暗示成为每天早晨必做的一件事,孩子们对这件事已经习以为常的时候,他们不必刻意去听,就能听到老师所讲的话。老师的暗示已经进入了孩子们的潜意识深处,它们所表达的思想会起到有效的作用。

总之，将适当的暗示灌输给孩子非常关键，所有对孩子的教育都离不开它。想象造就性格，所以家长和老师应该充分利用想象的作用。没人相信一个孩子生来就是罪犯，不良的自我暗示才是他之所以变成罪犯的原因。反过来看，如果我们能及时用正确的暗示来引导他的自我暗示，那么他也极有可能成为一个对社会有用的人。

当一个病人满怀着被治愈的信心来找我治疗时，其实他依靠自己的力量在半路上就已经康复了。我并没有发明任何东西，也不是要声明暗示的方式是我发明的。我所做的只不过是把一个古老的道理简化成了每个人都可以使用的公式，并且实践了千百年来大家一致认为是真理的一些理论。我不会魔法，只有想象的力量才是万能的。

第三章

想象的力量是万能的

想象的力量是万能的。人的第一特质是想象,而不是意识。一旦意识与想象发生冲突,获胜的从来都是想象。如果我们说"我想做某件事,但是却做不到",那么不但无法达到目标,结果还会与期望完全相反。意识的作用越强,结果相反的可能性越大。接下来,我将列举生活中的一些实例来向大家证明我的结论是正确的。

治愈你的是你自己,而不是我

在美国巡回演讲时,就在自由女神像下,数十位来自《圣报》的新闻记者将我团团围住,问个不停。由此我初步领略到了自己在美国的受欢迎程度。

记得当我走下轮船时,在强壮的美国督察的护卫下,我上了接我前往临时住处的小轿车上。坐在车上,我看到路边拥挤的人群,他们都是来欢迎我的美国人民。这一幕给我的惊讶和感动简直无法用言语来形容。

我怀疑自己是否有资格担得起这么热烈的欢迎,如果我说自己因为受到这样的欢迎而感到自豪和满意,会不会有人指责我太不谦虚了?但我并不以为然,一方面是因为美国人民向来热情;另一方面我也知道,他们之所以对我这么关心和在意,是源于他们对以我的名字命名的自我暗示疗法进行了深入的研究和探索。

在纽约的所见所闻，让我感到惊讶万分，也给我留下了一段终生难忘的记忆。时至今日，我仍然忘不了第一次与美国人接触时，给我的那种惊异的感觉。实际上，随着追随我的想法和肯定我的能力的人越来越多，这种惊异的感觉日益增长。

从主观上来说，我并不希望人们盲从于我。不可否认的是，有时候，病人对我的盲从的确有利于他自身的病情好转。很多病人相信自己一定会被我治愈，结果往往会出现这样的情况，还没见到我，带着这种信念的病人在前来找我看病的路上就已经康复了。实际上，只有很少一部分病人，真正能够直接接受我施加的暗示。

有的病人以为我有治病的法力，我想再强调一下，我并没有那种法力。就算我真的拥有治病的不寻常法力，显然，施法的范围也是极其有限的。但是，我所教授的这一系统的潜力是无限的。我想表达的是，虽然我不能直接接触到每一个需要帮助的人，但是每个人都可以尝试自我暗示。因此，我唯一的目标就是向大家展示怎样进行自我暗示治疗。我认为有必要再强调一遍，我不是医生，请各位纠正只有我才能给大家实施治疗的错误观点。

有的新闻记者在《圣报》上称我为"博士""教授"，看到这样的字眼，我开始隐约意识到美国人对我认知的错误。我不得不纠正他们的错误看法，告诉他们："我既不是博士，也不是教授。"在介绍过我的"头衔"之后，那份报纸又继续谈论我在自己的"诊所"里所进行过的治疗。顺便说一下，"诊所"的说法也是错误的。我只是有选择地在某些小型的聚会上与一些病人会面，尽量说服他们采用我的自我暗示法，这样他们会尽快康复，最低程度上也能使病情得到显著改善。

第三章　想象的力量是万能的

那些可怜的饱受病痛折磨的人使用我的疗法后，病情大为改善，没错，我会因为看到他们的康复而感到无比快乐。但是，我更希望看到的是，有更多的病人接受和信任暗示疗法，他们不用找我帮忙，也能利用自我暗示使自己痊愈。如果大部分病人依然认为只有得到我的治疗才能治好自己的病的话，那恐怕我的希望要落空了。

不幸的是，我很难说服某些人，让他们相信我并没有对他们施加影响实在是太难了。每当我跟他们说，他们的治疗只能依靠自己而不是我的时候，他们总是这样回复我："你怎么说我都不信，事实上你确实发挥了作用。当我和你在一起的时候所取得的治疗效果，远比我一个人待着的时候取得的效果好。"好吧，我承认病人所说的这种情况可能确实存在。但我想说，真正的原因其实就是之前我已经指出过的：一个满怀被治愈信心的病人来找我看病，他其实在来的路上就已经依靠自己的力量康复了。

换一个角度来看，如果我真的拥有法力的话，那么所有来找我接受过暗示疗法的人，他们所取得的治疗效果应该是一样的，然而事实并不是这样的。在某些病例中，我的影响没有对病人产生任何作用。由此可见，别人眼里的那种所谓的"法力"并不是也不可能成为我的治疗系统有效性的关键因素。就像我前面解释过的，这种所谓的"法力"只存在于某些人的想象之中。

我希望大家能接受这个观点：想象的力量是万能的。事实证明，想象的确有助于恢复健康。但如果病人认为与我的接触才是有效的，那我只能说这种想象实在是让人失望。

我希望美国人民能够认识到这一点，即他们所需要的，只是充分理解自我暗示的原理，并对自我暗示的效果给予充分的信任，其实自我暗示本身并不复杂，甚至可以说非常简单。我并没有发明任何东西，换句话说，暗示并不是我发明的，我只是把它简化成了一个在日常生活中可以通用的公式，并且实践了千百年来被公认为真理的一些理论，而人们要做的也只不过是遵循千百年来公认的真理。

有人推断我创造了一种信仰，其实不是的。有一天，一位绅士在接受某家报纸的采访时，说我的自我暗示是"对教会的直接挑战"。我承认，我并没有发现宗教与自我暗示之间有什么关系。难道医学是对宗教的挑战吗？实际上，自我暗示只是利用天赋的力量和激发我们自身机能的一种方式，无论是天主教徒，还是新教徒，抑或是伊斯兰教徒，或者佛教徒，他们都可以在不违反宗教教义和教会规定的情况下，尝试自我暗示。圣·保罗不是写过"感动天地的信仰"吗？我们只不过是在利用造物主赋予我们的能力，当然没有理由说它是错误的。

自我暗示与宗教扯不上一点儿关系。其他一些宗教领导人都对自我暗示抱有偏见，因为他们以为自我暗示与所谓的由我创造的"奇迹"是联系在一起的。其实，根本不存在什么奇迹。我过去从来没有创造过任何奇迹，将来也不会。所谓的创造了奇迹的治疗方法，实际上非常简单，也很容易被解释清楚。那些结果证明，饱受病痛折磨的病人实际上只不过是在想象中以为自己生病了，想象自己身上产生了病症，或者过去已有的症状加重了，于是他们就真的生病了。但他们如果制造相反的想象，想象自己"马上就康复了"，那么他们的病症不久就会消除。

美国社会充满了同情与关心，在这样的环境里，我似乎没有必要对那些针对我的批评进行反击，但我仍然希望所有人能消除对我的一切误解。我希望大家客观地对待我。我希望大家能够接受我所奉行的理论，尽管对它的表述非常简单，但它的确是建立在科学事实的基础之上的。

我们一生都会用到自我暗示这个工具，而且是非常自觉地使用它。

如果运用的自我暗示是良好的、正确的，那么它将是一种非常有益的工具，并会带来最好的结果，制造出我们所认为的奇迹。如果自我暗示是不良的、错误的，那么它将制造出疾病、灾难和不幸。

在美国访问时的演讲

女士们，先生们：

很抱歉，我的英语实在太烂，尽管我希望它能够好一点。但相信大家都知道，我出生在法国，从来没在英国或美国生活过。所以要我这样的人说着跟你们一样流利的英语，实在是太困难了，但是我仍然希望大家能够理解我所说的一切。

你们的盛情款待实在是让我受宠若惊，我都不知道该怎样表达自己的谢意，但我还是要衷心地感谢你们。此刻，我想我唯一能做的事情就是，以简明扼要的语言，把我在南锡研究出来的那些方法的原理介绍给你们。因为尽管有的人已经在使用，并取得了一定成效，但有的人仍然对它完全不了解。

当人们来找我治疗的时候，我对他们说的第一句话是："大多数人在来之前，都以为会看到一个格外出众的人，现在你们看到了，站在你们面前的这个人没什么特别的。你们可能还想象着会看到一个力量超凡、有着特殊法力的人，因为他能治好很多人的病。遗憾的是，我根本不是你们想象中的那种人。我也不是很多人挂在嘴边的'医者''法师'，根本不是！"

我只是一个普通人，就像你们现在看到的那样，我很平凡，如果你们愿意，也可以说我是一个好人。不管怎么说，我都只不过是一个人而已。

我的职责并不是给别人治病，而是教别人怎样治愈自己，或者至少使自身的状况有所改善。还有就是，给他们解释自我暗示，这是一种"我们一生都在运用"，而我们却对它一无所知的方法，获得痊愈的结果需要借助于这个方法。

自我暗示是我们每个人天赋的工具，从我们出生的那天起，这个工具就不分白天黑夜地为我们服务。我们的梦境都是自我暗示构造的，我们的一言一行也都是自我暗示、潜意识的自我暗示作用的结果。

你可能会以为我在吹牛，我并没有夸大其词。我们从出生的第一天起就一直在使用这个工具，有个实例我经常拿出来用，它可以证明这一点：一个小婴儿，出生才两天，他躺在摇篮里，突然开始啼哭。他的父亲或母亲把他从摇篮里抱出来，他马上就停止了啼哭。如果父母把他再放回摇篮里，他马上又哭了起来。只要从摇篮里抱起来，他就停止啼哭，一放进去又哭，如此循环不断。

这个婴儿的行为其实是在暗示他的父母，只要他希望被从摇篮里抱出来，就会啼哭，他的暗示通常都会成功。不幸的是他的父母，如果他的父母形成了这样的意识，认为每次只要孩子一哭，就要把他从摇篮中抱出来，那么结果可能就是，在一年或更长的时间里，他们不得不经常把孩子抱在怀里，而不是让他自己躺在床上。孩子在父母的怀抱里感觉更舒服一些，他也会暗示自己："每当我想要有人把我从摇篮里抱出来时，我就哭。"于是他就大声啼哭，不是吗？相反，如果孩子的父母不理他，任由他哭上一分钟、一刻钟、半小时，甚至一小时，孩子就会明白，哭也没有用，以后就不会再用这种方法了。

前面已经提到过，我们一生都在非常自觉地使用自我暗示这个工具。如果运用的自我暗示是良好的、正确的，那么它将是一种非常有益的工具,并会带来最好的结果,制造我们所认为的奇迹。如果自我暗示是不良的、错误的,那么它将制造出疾病、灾难和不幸。

我一直在向人们解释,让他们明白每个人自身都拥有这种工具,并教给他们怎样自觉地运用它。一个人在有意识地使用一种危险工具时,这种工具也就不再危险了。我的主要职责是向大家展示暗示是怎样被实施的,这件事情说白了很简单,简单到人们难以置信:这么简单的事情怎么可能带来这么好的效果?

我想要对你们提一些忠告,说忠告是因为我不施加任何暗示,也不进行催眠。最开始的时候,我其实学习的是催眠术,并且一连实践了好几年。后来我逐渐放弃了使用这种方法,转而开始采用我将要向你们演示的这种新方法——暗示法。

在对你们提出忠告之前,我希望你们配合我做一些实验,这些实验表明了两条规则,这两条规则建立在我的理论基础之上。接下来,我将对自觉的自我暗示的方法加以解释。

我们头脑中的想法如果具备可能性,那么它们最终都会实现。一件事情具有被实现的可能,它就会发生。这是因为,我们只有在感觉到它们确实有发生的可能性时,才会在头脑中形成这种观点。

比如,假设你的一条腿被截肢了,你却妄想还会长出一条腿来,这种荒谬的想法是不会实现的,那条腿肯定长不出来,因为直到现在我们也从来没有创造过这样的奇迹。但是,心情悲伤,身体的某个器官运转不正常,身体的某一部位疼痛,那么我们只要想象悲伤的思想被良好的思想所取代,生病的器官的功能就会逐渐恢复正常,我们身上所有部位的疼痛也都会消失,这种情况的确会发生,因为这些想法都是可能的。

你渴望睡觉,就能睡得着;你想着失眠,也会导致失眠。那些睡眠质量很好,从来都能睡得香的人是怎么做到的呢？在他的意识里,上床并不是为了睡觉,他躺在床上的时候,可能还在想今晚不会比前晚睡得更好。

脑子里想着神经衰弱,结果患上了神经衰弱;某某夫人邀请他周四去吃午饭,他预感到那天会头疼,于是周四那天他真的头疼。

"我瞎了""我聋了""我瘫痪了"等想法,足以让人变瞎、变聋、变瘫痪。我这么说,并不是想要证明所有患有这些疾病的人,他们的病因都是因为这样的想象而造成的,但的确许多有这种想法的人都得了这些病。我曾经见过这类病人,而且还见证了发生在他们身上的奇迹,也就是人们通常所说的奇迹。

即便我有什么成绩,也算不上伟大。我曾经治愈过一个根本没有生病的人,这种事情经常发生。

给你们举个例子,去年年初的时候,在南锡,一位年仅 23 岁的姑娘来找我治疗。她从 3 岁起,左眼就看不见任何东西,完全看不见。

结果,她来到我这里之后,左眼很快就能看见东西了。所有在场的人都以为这是一个奇迹。这不是奇迹,我将向你们解释,原因其实非常简单。这位年轻的姑娘在 2 岁的时候左眼生了病,持续了一年才被治好。在那一年的时间里,她的左眼一直缠着绷带,因此她也习惯了不用左眼看事物。当绷带拆除的时候,她的左眼仍然保留着不看事物的习惯,这个习惯持续了 20 年。如果那个时候她没有想到要找我治疗的话,那么她的症状直到现在仍然在持续。我告诉她说,她的左眼其实能够看清事物,因为她有这个能力。她很容易就理解了我的意思。

我还见过相同以及相似的病例。有次在巴黎,有一位住在一楼的半身不遂的妇人被带到我这里,她的右半边身体几乎完全不能动。只是经过了一次治疗,她就痊愈了,不仅能站起来,而且能行走,曾经动弹不了的手臂也可以正常活动。人们都以为这是一个奇迹,其实这很容易解释。我想她最开始可能真的瘫痪过一段时间。事实确实如此,那时候她中了风,血管中出现了凝块,瘫痪不能动。

不过正常情况下,随着凝块的逐渐减少,身体不能动的部分也在相应地减少,直至最后完全消失。真正的瘫痪消除了,但这个妇人的意识里仍然习惯性地以为"我瘫痪了",于是她继续不能动。我暗示她,她完全有能力按照她想象的方式运动,于是她做到了。

从第一个叙述中,我们能得出什么结论呢?如果我们脑子里的所有想法具有实现的可能性,那么它们最后都会变成现实。生病的时候,我们在脑子里输入痊愈的念头。如果具有痊愈的可能性,那么病人就会痊愈,否则病情仍然无法彻底痊愈,但至少能在很大程度上得到改善。

我的意思并不是说,人们在自觉地使用自我暗示的时候,就禁止使用惯用的药物的治疗,或者不听主治医生的治疗指导,自我暗示与医学之间并不是敌对的关系。相反,它们其实是一对好友,彼此相互配合更有利。我可以告诉大家,其实我最大的愿望之一就是将自我暗示的研究成果引入到医学中去,这会给医生和病人都带来巨大的收益。

我要重复一点,即人的第一特质是想象,而不是意识。这一点也是我的方法与其他方法的区别之一,而这一点也使我的方法获得了其他方法无法实现的结果。

一旦意识与想象发生冲突,获胜的从来都是想象。如果我们说"我想做某件事,但是却做不到",那么不但无法达到目标,结果还会与期望完全相反。意识的作用越强,结果相反的可能性越大。接下来,我将列举生活中的一些实例来向大家证明我的结论是正确的。

我举的第一个例子是失眠,相信一定会有人赞同我的结论的正确性。

一个失眠的人晚上不想睡觉,如果他没有刻意地想尽各种办法让自己入睡,而只是一动不动地躺在床上,很安静,那么他就会睡着。相反,如果这个人渴望睡觉,用了各种办法使自己入睡,结果会怎样?他越是想睡觉,就越兴奋,结果与他的期望完全相反。本想睡觉,结果反而睡不着,这种结果与期望相反的例子,大家都了解。

忘记一个人的名字的情况也是一样的,即便这种事情暂时还没有发生在你身上,将来也极有可能会发生的。当你努力想要记起某某夫人的名字的时候,你会绞尽脑汁地想:"她叫什么名字来着?"结果相信你也知道,完全记不起来。不过,很有可能一分钟之后你又想起来了。我认为这个现象有必要分析一下,它包含两种情形。

你回到家里,对你的妻子或丈夫、姐妹、兄弟或者母亲说:"噢,我刚刚遇见……"你迟疑了,你之所以迟疑,是源于这样一种念头:"我已经忘记了。"

由于每个人脑子里的一切想法都会成为现实,所以当你脑子里有了"忘记那人叫什么了"这种想法时,你就肯定想不起来那个名字。你可能很努力地想,但就是想不起来。你可能在脑海里追着这个名字,但它逃得比你的思维还快,你赶不上它。你们每个人都会遇到这种情况。

事实上,往往发生这样的情形,过了几分钟,当你不再努力去记起它,只是告诉自己不久就会想起来的时候,这个名字马上在你脑子里闪现了。"我已经忘了"的念头,被"我很快就能想起来"的念头所替代,结果真的如你所愿。如果是在与人谈话的过程中忘记了人的名字,那么这个时候,当那个名字重新在你脑子里闪现时,你就会插嘴:"噢,是××夫人。"这种情形相信大家都不陌生。

再如,我肯定大家都遇到过这样的事情:在某种情况下,我们越是想控制住大笑，停止大笑，反而会笑得越厉害；骑摩托车的人努力想要避开障碍，结果反而更容易撞上去；口吃的人，越是希望说话顺畅，反而越容易结巴；等等。类似的情形还有很多，比如常见的"我想睡觉，但是我睡不着"，"我想记起某某夫人的名字，但是却想不起来"，"我不想结结巴巴，但是我做不到"。

我们身上有两种思想活动存在：一种是意识，另一种是意识背后的潜意识，或者说是想象。想象是人类的第一特质，当想象与意识发生冲突时，占上风的总是想象。如果我们忽视了第二种存在，那么我们就犯了一个大错，因为控制着我们一切思想和行为的正是第二种存在，即潜意识或者想象。

没有人能够通过意识的力量来控制自身的器官，包括一个心脏、一个胃、两个肾、一个肝脏等的运转。尽管如此，这些器官却仍然一刻不停地在工作，即便在晚上，意识已经进入休眠状态的时候，它们还在工作。无意识或者说是潜意识的控制和影响着这些器官。如果可以的话，我想这样表述，潜意识不但控制着五脏器官的功能，甚至操纵着人体一切生理、心理器官的功能。

正是由于受到了潜意识的控制，所以我们应该学习怎样操纵它，通过操纵它来控制我们自己。我这么说，你们能理解吗？由于这是一个规则，所以我再重复一遍，"第二种存在"（潜意识或者说是想象）操纵着我们，而我们要学会怎样才能控制它，并通过操纵它来控制我们自己。

这是一种小技巧，如果一个人能够学会这些小技巧，那么他就能成为自己的主人。如果你们理解了这个问题，那么在看到我经常（甚至不是经常，已经变成了一直）对一些人所做的实验时，你就不难理解了。通过这些实验，我会让接受实验的人看到、感觉到我所说的都是事实。

我打算在自己身上做这个实验，然后再跟那些到我这里来的人一起做。我准备有意地在我的意识和想象之间制造一种冲突，我要尽最大努力把自己的双手紧紧地握在一起，然后在我的脑子里形成"我无法张开双手"的念头。现在，我已经把这种想法输入大脑中了。我越是试图分开双手，它们就握得越紧。

我的身体真的生病了，患的是肌肉萎缩症。在场的每一个人，你们一生中总有机会看到这样的病，甚至有的人可能自身也得了这种病。你们都曾见过这样的人，他们没办法分开自己的双手，或将双手合拢，也可能走起路来一条腿像木头一样僵直，无法弯曲。我认为100个人当中有80个人无法完成他们所期待的动作，因为他们自认为做不到，如果他们的脑子里一直保持着这种想法"我不能"，那么他们一生都将保持着这种状态。

生病的时候，我想要治愈自己，那么就必须将头脑中"我不能"这种思想替换成"我能"。很快，我就会感到自己做到了。

你们可能以为我是有意识地这样做的，为了向你们表明我要讲的，我会有意识地去做，但是这个实验的确是千真万确的。如果有人愿意的话，我将和你们当中的一位、二位或者三位朋友一起做这个实验。

当我们的头脑中有一个念头的时候，这个念头就会变得非常有说服力。比如，我让一个人合拢自己的双手，心里想着"我无法分开它们"。如果那个人的双手合得越来越紧，还想着"我无法分开它们"，那么我是对的，他无法把自己的双手分开。相反，如果我告诉他心里要想着"我不能"，结果他分开了双手，那就说明他已经想了"我能"。难道我说的不对吗？你们理解了，没人反对。我将请那些已经理解了这一点的人来做这个实验，因为如果他没有理解的话，这种情况自然也就不会发生了。

（在演讲台上对一位参与实验的女士说）请伸出你的双臂，保持僵直，把你的双手尽可能紧地压在一起。用力,再用力,加把劲儿,用尽全力,你的双手必须颤抖。告诉自己:"我想分开我的手,但是我做不到。"手会合得越来越紧。现在,心里默念:"我能。"

现在,请尽量握紧自己的拳头,用尽全力。想要成功,就必须用尽全力。接下来,请你看着自己的拳头,心里想着:"我能。"我请这位朋友这样想,但是如果他心里想的与我说的是相反的,那么就会出现相反的结果。我不知道,你是否理解了我所说的。

现在,还是要尽全力把双手合拢。看着它们想:"我想分开我的手,但是我无法将它们分开。"然后,当你试图分开双手的时候,它们反而合得更紧了。接着想:"我能。"

你是一个很好的被试者。经常在公众场合出现的人果然不一样。在南锡的时候,人们总是满怀信心地来看我。结果,我们的实验没办法进行。而在你们国家则不同,人们不相信这一点。但是昨天的所有实验都获得了成功,我希望今天也能有同样的收获。

请你用两根手指尽量夹紧这个钥匙球,让它悬空,并对自己说:"我不能让它落下来",那么它就不会落下来,而且还会被夹得越来越紧。现在,想着"我能"。谢谢你!

(这个实验被重新试用于其他一些观众身上。)

通常,如果一个人希望能从他的土地上有所收获,必须做的准备工作就是耕地。因为他很清楚,没有准备好土壤环境,种子将无法生长。我把所有第一次来到我这里的人,看作是没有耕种的土地。而我所做的"耕地"准备,则是对暗示方法的解释和演示,就像我曾经给你们做的那样。当他们的认知被开垦好了之后,我就可以播撒"种子","种子"就会成长。我通过做演讲来播撒我的种子。

在英国,我告诉人们:"你们身体的功能都将正常运转,胃口很好,消化功能正常,吸收功能良好,每天晚上都能很快入睡,睡眠香甜。"

演讲太长了,我不打算对你们进行一番演讲。当我给病人忠告时,我告诉他:"我数三个数,当我数到'三'的时候,你睁开眼睛,感觉会好很多。"我告诉他闭上眼睛倾听我所说的话。他轻轻地睁开眼睛,看着别人,带着微笑。我又告诉他:"过一会儿,你会看到,我给了你良好的忠告,已经尽到了自己的职责,剩下的事该轮到你自己做了。如果你希望从我的忠告中受益,那么你就必须自己去做。"

生命中的每一天,你都可以这么做:每天早晨起床之前,晚上上床之后,闭上眼睛,动动嘴皮子,自言自语,声音低到自己能听见就行,不要尝试想你所说的话。万一想了也没什么,但注意不要再去想。把这句话重复20遍,"每一天,在每一方面,我正变得越来越好"。在重复的同时,可以借助一根有20个结的绳子计数。

这句话中有一个短语特别重要,"在每一方面",几乎所有的暗示中都含有这句话。所有的暗示都包含在这个短语里了,所以根本不用施加任何特别的暗示。但是,你必须进行简单的暗示,自我暗示。做自我暗示可以试着用这种方法,就像那些在教堂里祈祷的人一样,很自然地说这句话,"每一天,在每一方面,我正变得越来越好",重复20遍。这种方法有助于成功地将它植入你的意识、潜意识中。

通过我的解释,以及我们一起做的试验,你应该了解了,脑子里有某种想法时,它往往会成为现实。所以,只要你一直想"每一天,在每一个方面,我正变得越来越好",那么它真的会实现,在每一方面,你每天都会变得越来越好。

你看,我重复的内容太简单、太容易了,以至于很多人无法透彻地理解它。为了证明这种暗示习惯能够带来的结果,告诉你们这种方法的作用,请允许我读几封信。

"亲爱的库埃先生:

1920年,一次意外事故,给我造成了脑震荡和瘫痪。我咨询了一位专家,他没有任何宝贵的医疗研究成果,只不过思想开放,推崇先进的医术。他接诊了我,把我送到乡下去疗养。6个月后,我只能在1小时内步行100米左右,心理也没有平复。在读了您的精彩的报告之后,我只用了很短的时间,就恢复了健康,一次可以步行9英里。"

另一封信是写给一位女士的,后来被送到了我的手里:

"我正在变得越来越好——就是这个药方。实际上,许多人恰恰是因为看到我的改变和健康状况的改善,才开始相信自我暗示。大家都说他们几乎认不出我了,我看起来跟以前大不一样,我不记得过去什么时候有过这么好的感觉。"

第三封信:

"亲爱的库埃先生:

我相信你一定很乐意知道,自从7月在南锡听了您的演讲之后,我的身体状况得到了极大改善。您可能还能想起我,我就是那个10年来每天至少犯一次重病的人。我在南锡待了一周之后,病情就再也没有复发过。"

看,我敢保证,只要你们每天早晚按照我的建议,进行自我暗示,那么自我暗示会带给你一种强大的力量,你将对自己充满信心。一个人充满自信的人,往往容易获得成功,所以你一定会在每一方面都变得越来越好。我希望我的建议能对大家有所帮助,并感谢大家对我的盛情款待。

如果我们渴望做某件事,生理或是心理方面发生好的事情,或坏的事情赶紧消失,只要经常重复"它将到来"或"它将消失"。那么,尽管时间可能有早晚,但我们最终将得到期盼的结果。

　　暗示和自我暗示的治疗方法,与其他精神治疗方法一样,关键点就两个字:重复。如果你使用自我暗示疗法却没能恢复健康,或是没能保持健康,那么你必须先确定是否已经一再对自己的潜意识进行重复暗示。

第四章 暗示疗法的要素

暗示者就像一块磁石，从病人那里把病痛吸收到了他自己身体的相应部位上，从而产生了与病人相同的病痛。这种情况只是暂时的，只要暗示者的理智没有因为感到恐惧而失控。暗示者一旦发觉病人的那些症状出现在了自己身上，不要慌，只要进行肯定的自我暗示，终将克服。而病人也像一块磁石，在排出体内病毒的同时，从暗示者那里吸收着力量、能量、活力和智慧。

理想的暗示环境

继埃米尔·库埃之后，越来越多的医生选择了采用心理暗示的方法为病人进行治疗，效果还不错。不过，暗示者只有遵循一定的程序和方法，才能取得尽可能好的治疗效果。而病人或是希望接受暗示的人，了解了暗示者的工作原理，也能给自我治疗找到一些有价值的启发。

暗示者要做的是，用简洁、准确、直接的语言向病人作出暗示。有一点千万要注意，那就是一定不要让病人产生疑虑，否则治疗效果就会大打折扣。

在治疗前，暗示者最好告诉病人你希望取得的结果，给他解释心理疗法的工作原理，帮助他树立信心，比如列出一些通过心理暗示痊愈的实例，并预言他的病一定会被治好，等等。告诉病人，他需要坚定意志力，通过读书、听讲座、反思、祷告等方法，让自己更有精神力量。

暗示应该选择一个比较安静的环境，排除可能分散病人注意力的环境，比如所有在听觉或是视觉上影响病人注意力的因素。在开阔的室外，人往往很难保证自己的注意力能够集中。所以，暗示最好选择在室内进行，关上窗户，拉上百叶窗，看不到景色，听不到杂音，外在的干扰基本排除了。

选择暗示的环境时，光排除了外在的干扰还不够，如果想要触及病人的潜意识，让暗示的作用得到最大限度的发挥，那么还应该使周围的环境尽可能地趋于理想。所有的环境因素都应该使病人产生这样一个印象：有什么事情即将发生。只有这样，暗示者的思想才更容易被病人接受，他的暗示也才更有可能发挥作用。

在淡色调的环境中，病人更容易慢慢放松身体。这样的环境会让病人感到足够舒适，以帮助其恢复健康。

信念的力量

无论暗示者身处病人的面前还是后面，坐着还是站着，都不重要。关于这一点也没有硬性的、定性的要求，只要暗示者的直觉在替他活动就行。

有一种无法用任何言语描述的力量，非常微妙。尤其是当暗示者将自身所有的精神都集中在主观意识上时，这种力量越发呼之欲出了。从病人的利益出发，暗示者脑子里所思考、构建的任何规划都会像心电感应一样，被传递到病人那里。成功的暗示者从来不会高谈阔论、夸夸其谈，他们只会将心里那坚定不移的信念娓娓道出,正是这种信念创造了奇迹。

暗示者要在心里坚持自己的信仰与信念,为了让病人信服,要肯定地告诉他:他的病痛将消失,他即将恢复活力,所有不舒服的感觉与痛苦都会消失得无影无踪。同时,进一步坚定病人的信念和战胜病痛的决心。

暗示者可以不断变化指导与规劝的方法,暗示者的思想中有些因素远比语言更真挚与深刻。通常情况下,暗示者与病人的思想之间会有一种深层次的交流。只有这样,病痛、失意、自卑和抑郁的念头才会消失,取而代之的是新的希望与憧憬。这是病人内心与灵魂深处微妙的心理变化产生的过程。

只有当病人处在一种被动接受的状态时,暗示者的特定指令才有可能为他们所接受。为了要达到这个目的,暗示者要想尽办法让病人放松,告诉他摊开双手,他倒向一边,然后提升他的意念。将这一系列措施重复多遍。

暗示者先做个示范,自己坐在椅子上,然后要求病人跟他一起做。也可以用语言暗示病人:"现在,你感到特别安心、自在、轻松、舒适,安心、自在、轻松、舒适,安心、自在、轻松、舒适……"这种重复暗示能让病人保持身心的放松,帮助他们保持注意力的集中。

暗示者非常明智,他知道,自己是在给病人提供治疗方法,而不是将某些意念或信仰强加给病人。所以,应该只谈论那些令病人感到舒服与平静的事情,避开那些可能引起争论,引发对抗情绪的话题。

引导病人树立坚定的信念

暗示者首先要为病人选择一个合理的治疗环境,告诉他精神力量的作用,接着就要考虑该怎样实施暗示了。让病人放松,斜倚或向后靠,然后用下面的方式暗示他。

"先生,你正在放松,你感觉平静、舒适,身心都非常放松。你的神经系统平稳松弛,你的心跳正常,所有的身体器官都在正常地运转。我在说话的时候,你感觉更加舒适、平静。

"我在说话,你在听,肌肉更加放松,神经更加松弛,内心更加平静。

"你越发觉得安静、舒适、宁静、镇定。你正沉浸在无尽的爱的氛围里。你感到平静与自信进入了你的灵魂深处,赋予你力量与勇气,让你充满希望,保持健康。

"我们现在继续治疗,赋予你身体的不同器官力量与和谐。你的胃和其他消化器官处于放松状态,它们相互配合,让你保持充足的精力。我的暗示能够让你的胃更加轻松自如地工作。你的身体需要的力量和活力,你的意念需要的勇气和胆识,你体内的各细胞正常运转所需要的能量与活性,都离不开充足营养的供应。好,现在我就让消化器官提供给你。

"你的胃很健康,状态很好,功能完善、齐备。你的胃有能力轻松而又活力十足地发挥它的自然机能,而且它也很乐意这样做。你的胃向你展示着它的力量和能量,合理而有效地消化着你吃下去的食物,从而为你提供需要的各种营养物质。

"保持健康的前提是有正常的消化系统,因此我们先从胃和其他消化器官入手。它们愿意轻松自然地完成自身的任务。我在对你说这些话的时候,你已经感到轻松、平静、安心和镇静了。这些感觉正在渗入你的生命体,让你一点点变得强壮。

"你遵循着大自然的规律,你在执行它赋予你的天职,你心里充满了勇气,脑子里都是积极乐观的念头。欢快、活力的想法正在影响着你的消化器官。现在，你平静而坦然地接受着无尽的爱。你感到轻松、舒心、愉悦。当我静静地说出这些念头时，你也要反复对自己说：'我轻松、舒心、愉悦；我乐观、强大、意志坚定'，重复千万遍。

"现在，你感到身体机能正在恢复，精力旺盛，循环系统的活力也被激发起来，心脏在卖力地工作，那劲头儿任哪个器官都赶不上。它强有力、欢快地跳动着，源源不断地输出血液。这些血液从肺那里获得清新与活力，再将这些崭新的能量输送给其他组织。无拘无束的血液，带着活力、能量、健康与力量欢快地流经你的肢体。

"现在，做几遍深呼吸，当你吸气时，你会感到自然的能量正注入你的体内。你在吸收能量，排出废物；你在吸收力量，排出杂质。暗示正在被你的潜意识所接受，你在吸收能量与力量。你感到渐渐地强壮起来，病情慢慢好转。

"喝水的时候，你要想：'我吞下这口水，就将体内的所有杂质都冲刷干净了，它们因此而变得更加清新、正常与健康。'水分子的增加会使你的肠子蠕动得更有规律，把废物带出体外。从明天早晨起，你的肠子活动会变得正常、自然、有规律。你要坚持自己的信念，每天晚上睡觉前反复对自己说：'我的肠子啊，轻松自然地工作吧，明天早晨你的功能将完全恢复正常。'

"现在，先生，休息一会儿，尽量保持放松。（这时，暗示者停顿了一会儿，想了一下。）先生，你感到比过去任何时候都更加强壮。你的神经放松下来，肢体舒展。你心态平和，你比刚来的时候更加强壮、健康。这种感觉仍然在持续，明天还会感觉更好。你一天天地康复起来，这感觉棒极了，你的的确确正在恢复健康。你沉浸在无尽的爱的氛围之中，上帝的灵魂与你同在，指引你，让你的生活风平浪静而充满希望。你抱持着健康、成功与幸福的信念，内心平静，以你自己的方式一点点地康复起来。"

在运用上述暗示语言时，你可以根据自身的实际情况，在你与别人对话时，要直截了当地告诉他的意识：他很成功，他很有希望，越来越充满自信与力量，他比以前任何时候都好，他的活力不减当年，他那逝去的雄心壮志再次被唤醒。

可以用同样的方式治疗身体其他部位的问题，比如对付头疼、神经症、反复发作的症状等，或者身体与精神上的其他问题，自我疗法也能产生相同的疗效。

不把病人看作病人

有一位成功的暗示者曾说过："我有一个准则，那就是从不把病人看成有某种疾病的人，而要把他们看成正常健康的人。因为你要给病人确诊，要确定他得的是什么病，要确定不正常的器官与正常的器官之间的区别，是一件很困难的事情。只有不到十分之一的医生真正懂得该怎样对症下药。"

还有一种方法，就是先让病人告诉暗示者，自己有哪些症状，病因是什么。然后让病人半躺在安乐椅上，向后靠，放松，闭上双眼，保持平静，他在不知不觉中抛开了意识，这个时候占据主导地位的是潜意识。还有的暗示者则暗示病人，任由思维自由活动，不去管它到底在想什么。过几分钟，让病人低声对自己说："我的症状正在消失，它在消失，它变得越来越不易察觉，它正在远离我，离开了，离开了，离开了。"重复这句话三遍到五遍。

这种肯定的方法最好辅以一个暗示，要暗示病人"你明显地正在康复起来",比如暗示病人说:"你的身体完好、健康,所有的功能都稳定、健全。"然后,暗示者可以安静地坐在病人旁边,让精神的共鸣将这个暗示传递下去。一些暗示者在这方面做得非常出色,而许多情感丰富的病人往往能从中获得更大的能量。

医患之间的"磁场效应"

一些暗示者认为他们能感受到患者身上的病痛,原因在于,每个给予治疗的暗示者都会全身心地投入治疗中去,设身处地为病人着想,想象着病人的痛苦,那种痛苦让他感同身受。科学研究表明,这种现象就是暗示作用。一些暗示者在治疗结束后会感到体力不支,而强烈的自我暗示正好可以解决这些问题。也就是说,暗示的方法同样也可以用在暗示者身上,而且能取得显著效果。

暗示者就像一块磁石,从病人那里把病痛吸收到自己身体的相应部位上,从而产生与病人相同的病痛。但要记住,这种情况只是暂时的,除非暗示者因为感到恐惧而失控,他的感性战胜了理智。如果是这样,那么暗示者自己也会真的生病。所以,暗示者一旦发觉病人的那些症状出现在了自己身上,不要慌,只要进行肯定的自我暗示,就没事了。

暗示者越是敏感、很容易与病人产生共鸣,那么他将越发容易与病人产生同样的症状。或者可以这么说,他实际上就像一块天然磁石,从病人身上把病痛吸走了。

暗示者扮演着磁石的角色,将病人的病痛吸走。而病人也像一块磁石,在排出体内病毒的同时,从暗示者那里吸收着力量、能量、活力和智慧。

不管怎么说,积极正面的暗示,一个立场坚定、乐观向上的暗示者,再加上积极的治疗方法,足以大大减轻这种"与病人交感"的症状。暗示者只要坚信自己的治疗方法、原则、思想和实践，那么他就一定能拯救自己，摆脱一切不适的感觉。

如果暗示者任由从病人那里吸收来的病痛思想顽固地占据自己的潜意识，那么他可能已经将这种念头注入了自己的生命里。没关系，他只要立即接受这个念头："我要清洗我的身心，把所有消极的念头都冲走。我相当肯定，我就是仅有的一大宝，世上再没有比我自己更重要、更完美的了。"通过这种积极的暗示做法，暗示者把从病人那里吸收来的消极念头赶出了自己的意识。

暗示者一边对自己说："我要洗刷掉一切消极的思想，我确定，并且相当肯定这一点，世上没有谁比我更完美。"一边辅以一种肢体上的暗示，即把右手放在左胸前，张开双臂，然后甩开胳膊，看起来就像是要赶走附在心头的什么东西。在重复肯定的自我暗示时，重复这个动作两到三遍。

当病人的病痛不再成为困扰暗示者的烦恼时，他就会有一种翩然的风度，或是一种亲和力，或是蓬勃的生命力。一些杰出的暗示者成功地运用了这种方法。这种方法对于一个富有想象力的暗示者最为适用，它能加强暗示者的信心，增强他的力量。他们会使用有声或无声的语言，将头脑中涌现出来的一幅幅画面或是情景，投入病人的思想中，病人有如置身于鸟语花香的美好境界。那些杰出的暗示者都有这样的力量。

有一个治疗方法对暗示者和病人都有益，即暗示者每天晚上睡觉前，全神贯注地回想他的病人，一个接一个，或想他们所有的人——个体或整体大概的轮廓，将健康、舒适的感觉传递给他们，尽可能地让他们振作精神。

许多暗示者会发现，只要他们在睡前念完了病人的名单，那么在入睡的时候,他们仍然会继续给病人传递着信息。这种习惯一旦形成,不管是对信息的发出者,还是接收者,都有着无法估量的作用。

疗效要靠坚持

在进行暗示治疗时,不要忘了每个病人的接受能力不同。一个病人会从暗示者那里接受这样的暗示:"从这一时刻起,我的病痛会消失,事实将会是这样的。"另一个方法是,要求病人坐下、斜靠或躺下,使他进入昏昏欲睡的状态,告诉他你在帮他缓解紧张的情绪,你在训练他的心脏、他的胃、他的肝,这能使他平静下来,对于接受暗示更为有利。换句话说,你要坚持对他进行暗示。

暗示者的脑子里一定要有坚定的信念,相信自己对于利用这种方法来帮助更多人的热情不会削减,你将沿着暗示与自我暗示的方向坚定不移地走下去。如果你的方法没有取得立竿见影的效果,或者短时间里没有看到效果,千万不要灰心。毕竟,每个人的精神状态都是不同的,有的人潜意识的反应很快,而有的人则很慢。对于那些潜意识反应慢的病人,暗示者在治疗的过程中,应该对他们更加有耐心,绝不轻易放弃。

只有具有坚定不移的信念与锲而不舍的精神,才能看到暗示疗法的成效。做到了这些,你就会发现,成效的产生并不是遥不可及,该来的时候,它一定会来。就像一位伟大的哲人说过的:"上帝的福祉姗姗来迟,并不是因为他抛弃了你。相反,他包容一切,更喜欢坚韧不拔的品质。"

很多时候治疗的结果会出现反复,旧病可能复发,这个时候绝不能灰心,因为万事万物的发展都有自身的规律,一切事物的发展都是跌宕起伏的。

举例来说，植物学家在研究植物的生长规律时，就发现了这样的现象。

通常，人们仅凭肉眼无法看到植物的生长过程，而植物学家通过使用一种仪器观察发现：植物在生长的过程中，总是5秒钟向上生长，5秒钟往回缩，还有10秒钟保持静止不动。之后，又开始向上生长，重复相同的过程。但总的来说，回缩的动作总是比向上的动作慢，也就是说，它绝不会被拖回到起点。

在给病人治疗时也是这样的，痊愈的进程往往是：好转，复发，保持不变。然后又是好转，复发，保持不变。这样不停地反复。如果治疗结果出现反复和停顿，你不必抱怨，因为这是在夯实基础，总体的趋势仍然是在前进。

那些正在进行治疗的人，无论是暗示者还是被暗示者，都应该认识到这一点：一切事物的发展都是前进一点儿，后退一点儿，停顿；再前进一点儿，再后退一点儿，停顿。在一连串的起起落落中，高度逐渐被积累了起来。

万物成长的法则都是：上升一点儿，下降一点儿，保持不动；再上升一点儿，再下降一点儿，保持不动。正是有了中间那个"下降"和"不动"的积累，我们才能一点点地前进。暗示者要认真地把这个规律灌输给病人，而病人也应该确信并坚持这一理念。因为，如果没有认识到这一点，所有的努力都变成了徒劳。

就这样对自己说："每一天，在每一方面，我正在变得越来越好。"在你说这句话的时候，要像一个孩子在自言自语一样，脑子里的想法要特别的简单。尤其要注意的是，不要刻意地、强制性地去说做这件事。

现在，我已经给人们提出了一些非常有益的忠告！为了将这些忠告变成现实,我的建议是:有生之年(坚持,我指的不是一天、一个月或者一年,而是你的一生),每天早晨起床之前和晚上睡觉前,闭上眼睛,动动嘴皮子,低声,自己能听见就行,一边对自己说:"每一天,每一方面,我正在变得越来越好!"重复20遍,一边用一根充当念珠的系有20个节的绳子来计数。

注意,当你说这句话的时候,什么特别的事情都不要想,因为"在每一方面"这句话已经包含了所有的期望。还有一个要点,在你说这句话的时候,不要刻意地强迫自己去说,要像孩子自言自语一样,脑子里只有简单的想法。

说明这种做法的最贴切的例子,就是教徒们的祈祷。不断地说:"每一天,在每一方面,我正在变得越来越好。"这种重复最终将把"每一天,在每一方面,我正变得越来越好"这个观点植入你的脑子里,并深深地刻印在脑海中。

前面我给大家列举过的那些实例,以及实验,已经证明,只要我们脑子里的观点具有现实的可能性,那么它们终将变成事实。在进行这个暗示的时候一定要自信、虔诚,并确信你将得到想要的一切。你越是充满信心,就能越快地得到你想要的结果。因此,如果你在脑子里输入这样的想法,那么你理所当然地将会被治愈。相反,如果你所输入的是疾病,那么结果就是产生疾病。

自我暗示是一个可能造成两种极端结果的武器:正确地使用它,它将制造奇迹;错误地使用它,它就会带来灾难。到目前为止,你一直在无意识地使用着这个武器。如果你真的对自己做了负面的暗示,那么你只能顿足捶胸:"是我的错,全是我的错!"

此外,无论什么时候,当你的心理或身体感到不舒服的时候,要暗示自己：你不会用自己的思想去强化它，而是马上让它消失。然后，尽可能地将自己与别人隔离开来，闭上眼睛。如果精神上背负着沉重的压力，那么你就把手放在额头上。如果是身体上的毛病，你就把手放在疼痛的部位，小声而快速地重复着："它就要消失了，它就要消失了……"直到病痛真的消失为止。稍加练习，心理和身体上的不适都将在 20～25 秒内消失。如果有必要，继续进行自我暗示。不过，在练习自我暗示的过程中，记住不要强求。

健康的时候，不要以为"我现在一切都很好，没有必要进行暗示"。相反，这个时候你要告诉自己：阻止坏事的发生远比发生了之后再去挽救容易得多。摔坏一条腿用不了多久，地上有一块橘子皮，你一脚踩上去，迅速滑倒，摔瘸了一条腿。这需要多长时间呢？一秒钟。但是治疗这条腿，即使使用暗示的方法，也需要花上几周的时间！如果你没有跌断腿，自然就不会有治疗它的麻烦。因此，每次对自己进行暗示的时候，一定要告诉自己，避开路上的橘子皮。这样，你就能防止自己摔坏四肢，避开任何生理和心理上的伤害。

如果你能自觉地进行暗示，你将创造奇迹。最后，我要向著名的学者旁蒂斯·柏里特先生学习，不再对你们负责，你们能够依靠的只有自己。

附录 1
怎样进行暗示

（以下是库埃先生的学生埃米尔·列恩医生在随库埃访问巴黎途中的一些记录，写于 1920 年 6 月 6 日。）

为了避免有人错过库埃先生在巴黎的教导，我把这一切记录了下来。经过库埃先生的治疗，无数心理上、生理上有问题的人体验了他们自身的病痛减轻，然后消失的过程。让我们先来看看他演讲中的部分摘录。

切记，不要刻意为之

听众问："为什么我使用了你的方法和祷词，我仍然一点儿都没有好转？"

库埃先生回答："原因可能是你的内心深处仍然对潜意识抱着怀疑的态度，也有可能是因为你努力了，刻意去做这件事。从现在起，记住一点，努力是由意识决定的，如果意识在起作用，那么它所带来的结果将与你期望的结果正好相反。"

怎样面对烦恼

听众问："烦恼困扰着我们的时候，我们应该怎么做呢？"

库埃先生回答："这样的事情发生的时候，你应该马上重复'不，它根本不会困扰我，一点儿也不会，一切将跟平常一样令人愉快'。简单来说，这个念头是为了使我们进入一种良好的状态，而不是陷入糟糕的境地。"

关于初始实验

听众问:"如果被试者出于自尊,不接受那些初始实验,那么仍然要进行初始实验吗?它是必不可少的吗?"

库埃先生回答:"不,那些初始实验并不是必不可少的。尽管对某些人来说它们都非常幼稚,但是它们的作用很大。而那些认为初始实验很幼稚的人,他们的病情反而都非常严重。它们至少能够证明三件事:第一,我们头脑中的所有想法都会变成事实,它们自己也会朝着那个方向转化。第二,当想象与意识发生冲突时,占上风的总是想象。这个时候,我们所做的事情往往与我们所希望的完全相反。第三,我们既然能够连续轻易地想象'我不能'和'我能',那么也可以很轻松地将所有期望实现的想法输入脑子里。初始实验不应该一个人在家里反复地做,因为独自一人的时候,自己的心理、生理往往都很难处于好的状态,很有可能导致失败,从而轻易动摇人的自信心。"

疼痛怎么办

听众问:"感到疼痛的时候,总是忍不住去想自己正在遭受的痛苦。这该怎么办?"

库埃先生回答:"不用在意会想它。相反,放任这种想法好了,但要对它说'我不怕你'。如果一只狗狂叫着向你冲过来,镇定下来,盯着它的眼睛,它就不会咬你。但是如果你表现出害怕的样子,转身就跑,那么它就会追上你,在你的腿上留下牙印。"

对待不能接受暗示的人

听众问:"如果一个人在接受暗示的过程中想要放弃,该怎么办?"

库埃先生回答:"那就放弃吧。"

心想事成的证据

听众问:"怎样才能实现我们的愿望呢?"

库埃先生回答:"反复憧憬你的愿望,并对自己说'我的信心正在树立',你就能做到这一点。比如,经常对自己说'我的记忆力正在提高',那么你的记忆力就会真的提高。如果你经常对自己说'我将完全掌控自己的命运',那么你就会发现自己正朝着这一方向前进。如果你说的正好相反,就会出现相反的情况。注意,你连续而快速地说出自己的愿望,只要在合理的范围之内,那么它们往往真的会实现。"

"每个人最重要的事"

其实每个人都有一项伟大的天赋,只不过几乎没人知道这一点,如果一个人有能力运用这项天赋,那么他是不是完全有义务(对于那些已经被传授的人来说),向他周围的那些人传播呢?每个人都能够利用自身的能力达到"埃米尔·库埃方法"的惊人疗效。消除病痛是重要的一项,但更重要的是要帮助所有遭受痛苦的人拥有一个崭新的生活。

有意识的自我暗示

听众问:"我知道有一个说法,是一位有神论信徒提出的,他说,'根据库埃先生对他那种技法或者机械程序所作的论述,我得出了这样的结论:自觉的自我暗示将导致人不再服从上帝的意旨。'"

库埃先生回答:"无论我们是否愿意,当想象与意识碰撞到一起时,想象总是支配着我们的意识。理性地、有意识地使用自我暗示的那些'机械程序',我们就有可能走上正确的道路;而无意识地使用自我暗示,则往往会将我们引入歧途。"

听了库埃先生的话,这位提出问题的听众若有所思地自语道:"没错,的确是这样的,在这个令人振奋的思想领域中,自觉的自我暗示具有一种能力,帮助我们从自己所创造的障碍的束缚中解脱出来,那情形就像我们和上帝之间仅仅隔了一层纱。那障碍就像一层窗帘,可以阻止阳光进入这间屋子。"

怎样用暗示帮助他人

听众问:"一个充满善心的人,应该怎样做,才能帮助那些遭受不幸的人,教他们通过有益的自我暗示使自己摆脱不幸?"

库埃先生回答:"不要强制性坚持,也不要训诫,只需要简单地提醒他们,我建议他们充满信心地进行自我暗示,那么结果将会如他们所愿。"

暗示是否真的有用

听众问:"对自己和别人反复解释'我将入睡''它将消失'等类似的语句的意义,真的有产生期待的那种结果的能力吗?这种能力真的那么强大,它一定会产生期望的结果吗?"

库埃先生回答:"重复这些相同的语句,能够促使我们想到它们,而当我们想到它们的时候,在我们眼里,它们就是真实的,并促使自身转化为现实。"

怎样提高自我控制力

听众问:"怎样在精神上不断地进行自我控制?"

库埃先生回答:"只要想象自己是自己的主人就足够了,不要刻意去做,反复告诉自己这一点,它就会进入想象。"

又有听众问:"那么,怎样控制自己的肉体呢?"

库埃先生回答:"自我控制对精神与肉体同样适用。"

远离自虐

一位听众很严肃地问:"疾病和痛苦是不可避免的,我们没有理由逃避本应承受的一切。自我暗示不能……不应该阻止那些合理的痛苦。"

库埃先生郑重地回答:"当然,它的确不应该这样做。但是它(自我暗示)发生得如此频繁,在任何情况下都会发生。"

害怕生病而生病

听众问:"那些已经完全康复的病人,为什么后来仍然会继续患那些可怕的疾病?"

库埃先生回答:"他在期待他的病痛,他对那些病痛充满了畏惧,于是也引发了它们的产生。如果这位先生将病情不会再复发的念头深深地刻在自己的脑海里,那么他的旧病就不会再复发;如果他仍然认为病情还会复发,那么它真的会复发。"

暗示的真谛很简单

听众问:"你的方法与别人的有什么区别呢?"

库埃先生回答:"我的方法的特别之处在于,支配我们自身的不是我们的意识,而是想象(潜意识)。这是基础,最根本的基础。"

再次对"暗示"进行简单解释

听众问:"你能否为 R 女士简要地概述你的方法?她正在做一件重要的事情。"

我回答:"几句话就能概述这个'方法'。实际上,指导我们行动的不是我们的意识,而是我们的想象(潜意识),这种看法与我们过去被教授的知识相反。

"如果我们常常按照意识的指导去行动,那是因为,我们同时也在想:'我能够做到。'否则,我们的行为就会与期望完全相反。

"举例来说,一个患失眠症的人越是渴望入睡,反而越兴奋;我们越是努力想要记起一个自以为已经忘记了的名字,它反而越不容易出现(而当我们头脑中的'我已经忘了'的念头被'它将出现在我头脑中'的想法替代时,我们才会真的记起来);我们想要阻止自己大笑,反而笑得更厉害;在学骑自行车的时候,我们本想避开障碍,结果反而很容易撞上去。

"因此,为了主宰自己的身体和精神,我们必须学会控制自己的潜意识。怎样做才能达到这种结果呢?答案是练习自觉的自我暗示。

"我们脑子里的每一个想法对我们来说都是真实的,它也会促使我们将它变成现实,这个原理是自觉的自我暗示赖以建立的基础。

"如果我们渴望做某件事情,希望幸运的事情早点儿发生,或者坏事快点儿消失,因而经常重复'它就要来了',或者'它将消失'。那么,不论时间早晚,我们终将得到期望的那种结果。每天早晚使用的这个药方'每一天,在每一方面,我越来越好',它其实已经包含了所有期望发生的事情。"

怎样赶走悲伤

听众问:"那些沮丧的人该怎么办呢?"

库埃先生回答:"如果你想'我很难过',那么你始终高兴不起来。如果希望记起别的某件事情,只需要很自然地对自己说:'我要想起这件事。'我敢保证,无论痛苦原本多么强烈,它一定会因此而消失。"

现场暗示治疗

一个弯着腰的男人拄着两根拐杖走了进来,他忍受着疼痛,走得很艰难,脸上还隐隐地透露出忧郁的神情。

大厅里渐渐地挤满了人,这个时候,库埃先生进来了。他问了这个男人一些问题,然后对他说了这样一番话:"这么说,你的风湿症已经持续了32年,而且还不能走路。不用担心,这种情况不会再持续下去了。"

在初始试验之后,库埃先生要求患者"闭上眼睛,动动你的嘴唇,快速地重复'它将消失,它将消失'"。同时,库埃先生将自己的手放在那个病人的腿上,持续了 20～25 分钟。然后对他说:"现在,你不会再感到疼痛了。站起来,向前走。"

病人走了起来。库埃先生继续鼓励他:"快一点儿!快一点儿!再快一点儿!既然你已经走得这么好了,你应该开始跑了。跑起来!先生,跑起来!"

令人惊讶的事情发生了,这个病人竟然真的跑了起来,他欢快地跑着,就像青春重新回来了一样。在场的所有人都对这件事感到异常吃惊。

听众眼里的库埃先生

一位女士说道:"我丈夫的哮喘病已经持续了很多年,他呼吸特别吃力,我们都担心会出现可怕的情况。他的医药顾问 X 医生已经放弃了对他的治疗,但他只是拜见了库埃先生一次之后,很快就恢复了健康。"

一位年轻的小姐满怀感激地前来感谢库埃先生。维查特医生跟她一起来的,他说这位小姐患了脑贫血,已经很长时间了。他曾用常规的方法给她治疗,没什么起色。但是,运用了自觉的自我暗示之后,她的病痛竟然神奇地消失了,就像被施了魔法一样。

无数痛苦得到减轻和已经治愈的患者,由衷地发出感言,回荡在大厅里。以下是一些感谢之语:

一位年轻的女士对另一位女士说:"多么简单易懂啊!完全不需要任何附加条件。他看起来多么令人振奋,难道你不认为世界上有许多人能像他一样散发着影响力吗?"

一位来自巴黎的名医身边围绕着许多医生,他对他们说:"我已经彻底改变了立场,转而拥护库埃先生的理论了!"

一位工艺学者和一位尖锐的批评家这样描述库埃先生:"他是一个神。"

是的，他是一位善良之神。不过，有的人固执地抱持"失败论"，他们的自我暗示是消极的自我暗示，库埃先生根本不同情这些人。他不辞劳苦，不知疲倦，积极而面带微笑地去帮助每一个人，去发展他们的个性，帮助他们治疗自己。这就是他那仁慈的暗示疗法的特点。

有谁能够不从内心深处渴望一切有可能从库埃先生那里所理解和获得的"好消息"？这种获取快乐和健康的能力，是每个人都可以拥有的。没错，只要愿意，这种能改变人的一生的力量将会得到充分发展。

通过一切可能的方式来传播暗示的方法和已被成千上万的人所认可并证明的成功的结果，这对于所有曾被传授过那种绝妙的方法的人来说，既是一项严格的任务，同时也是一件快乐的事情。把它传播给那些痛苦、悲伤和压力过大的人，传播给所有需要它的人，并帮助他们把这种方法付诸实践。看看现实，虽然胜利却已经伤痕累累的法兰西，胜利归来却又残缺不全的卫士，那些身心饱受战火摧残的人，希望那些拥有这种能力的人，能够看到在我们所能达到的范围内，暗示的方法所表现出的脑力、体力资源将很快成为所有国家的遗产，代代流传。

有一位哲学家说过"自我暗示是医治疾病的武器"，一位医生因此而相信库埃先生的才能。

某位小姐曾表达过对他的感激之情。那位小姐激动地对我们说："我无法用言语来表达我的感激——我认为这实在是太令人钦佩了。"

一位上流社会的女士因为病痛被治愈而非常激动："库埃先生，人们应该向你屈膝致敬，你就是仁慈的上帝！"而另一名深受感动的女士立即纠正道："不，他是上帝的使者。"

一位年迈的妇人说："一个年老体弱、原本健康状况极差的人，突然变得精神抖擞、身体健康，这是多么令人高兴的事情。库埃先生的方法能够带来这种令人愉快的结果,我相信我能证明这一点。它依靠的是我们所具备的强大力量,所以它所带来的这种结果也是彻底而持久的。"

一位年轻的小姐曾这样说:"库埃先生直接奔向目标,确定而坚定地让他的病人尽最大可能去传递慷慨和知识。"这位小姐的说法得到了人们的赞同。

有位女士曾打算请一位作家写一本著作,内容是关于这种有益的"方法"的,不料却被这位作家断然拒绝了。他郑重地说"它(病痛)将消失"这个简单的词,"就是这本著作"。他还强调,通过使用这种方法,只用这个简单的句子,足以让所有的痛苦消失。我们相信,那些病痛得到减轻和已经被治愈的病人都不会否定这一点。

一位在别人表达看法的声音里等待了许久的女士说:"在重读这个方法的时候,我发现它远远超过了因它而发展的一切。这个方法既不需要我们添加其他内容,也没有需要删除的地方,我们要做的只是尽最大可能地将它传播开来。"

我想总结一下,库埃先生为人谦逊,他告诉每一个人:"我没有磁场,我没有影响力,我从来没有治愈过任何人,我的学生们所取得的成果赶上了我。"

我可以非常坦诚地说,当他们接受这个有价值的方法的指导时,几乎就能做到这一点了。在遥远的未来,这位开创者激动人心的声音将在更高的领域回响。他的事业将帮助、安慰、治愈成千上万的人。

"它(病痛)将消失,这就是这本著作。"那位用一句话来阐述战胜病痛方法的人,他是正确的。这种方法真的很简单,而它的作用却又是不可思议的,它必将不朽,并由慷慨的法兰西传播到整个世界。

附录 2　自我暗示的要素

自我暗示就是内心独白

自我暗示,很明显就是自己给自己的暗示。在现实生活中,使用自我暗示的频率无疑远远高于其他暗示。

自我暗示其实就是跟自己谈心,跟自己的潜意识交谈。只要坚持定期与自己坦诚相见,那么很有可能发生任何奇迹,你甚至可以改变自身的命运。

暗示是指一种示意、点子、想法或其他类似的概念,它可能来自真实的感觉,比如听觉、嗅觉、触觉、味觉等。也可能源自自己的内心世界,也就是我们平时所说的心灵感应。

心理暗示学,所取得的丰硕的研究成果有目共睹,很多医生和心理学家都相信现在大多数疾病都是由心理原因造成的。也就是说,一些长期存在于潜意识中的有意识或无意识的精神紊乱是导致疾病产生的原因。想要治疗这些疾病,简单来说,需要做到几点:

第一,彻底根除旧的思想,代之以新的观念。也就是说,当新的思想将旧的思想"挤出去"时,治疗才真正开始。

第二,我们要用潜意识与暗示来唤醒沉睡的细胞,恢复它们的功能,而暗示则与旧的思想相反。

第三，我们要用新的思想替代过去那些导致疾病产生的旧思想，因此要让病人在大脑中形成一个全新的认知。

我们把这些想法或者点子称为"暗示"。我们通过反复地默念，将脑子里那些导致病痛产生的那些不良思想挤出去，用新思想来填充，暗示因此而发挥作用。

自我暗示的要点

我们必须将"暗示"所表达的那些想法由意识的转变成潜意识的，用它们来替代那些一直存在的错误想法。当我们的暗示作用足够强，能够控制潜意识时，我们的治疗就起作用了。

根据现代心理学家的总结，通过下面一些步骤和要点，可以成功地实现自我暗示。

要点一：远离消极

自我暗示必须在和谐的环境中进行，所以要用各种方式使家里或者办公室里的氛围保持和谐，否则就一定要设法改变它。绝不向消极思想妥协，应该始终保持着和谐的思想。有和谐思想的人可以很轻松地在家里、办公室里以及一切社会场所中自觉地调整心态。如果缺乏和谐思想，那就用眼睛去看和谐的景象，用耳朵去听美妙的音乐。谁不愿意享受以上一切？谁又愿意默默忍受不和谐的环境？

无数事实表明，一个人想要保持健康，就必须远离消极的思想，远离恐惧、忧虑和各种各样的不和谐，特别是那些对健康有害的东西。

自然害怕真空。地球一旦出现真空，马上就会有东西填充，这是一种物质运动的规律，一种自然界的"需要"。同样的道理，对于人类来说，那些受到与贫穷、疾病相关的行为、态度、思想或其他形式的暗示影响的人，自身会产生一种与自然界"需要"类似的对贫穷和疾病的"需要"，贫穷和疾病因此乘虚而入，满足这种"需要"。

暗示可以调整我们的"需要"。将积极的暗示隐藏在我们的需求中，让它在感觉中孕育，并得到加强，成为主导思想。这种方法非常有效。

对于病人来说，这个世界上最难的事情就是保持足够坚强的意志力，勇敢地面对自己的缺陷，但也绝不能因为自己的某些缺陷而失去自信。伟大的人之所以伟大，不是因为他们没有缺陷，而是因为他们敢于面对自己的不足，认识它，然后以顽强的毅力克服它。正所谓"能够抑制自己的愤怒才是最强大的能力，只有能驾驭自己灵魂的人才能统治天下"。

如果导致你生病的原因有四条，那么你完全有能力找出其中一条或更多，请尽量将它们都找出来。自恋、自怜、自责是致病原因最恶毒、最阴险、最狡猾的外在表现形式，所以不要随便谴责自己，也不要觉得自己可怜。

要点二：完全放松下来

不管是身体的紧张还是思想的紧张，都是内驱力的阻碍，所以在运用潜意识或接受暗示前，一定要放松我们的身体和思想。闭上眼睛，放空自己的思想，想象美好的记忆，进入对光明的未来的憧憬，想怎样思考问题就怎样思考。

当身体完全放松下来，脑细胞都安静下来时，身体就处于一种被动接受的状态，潜意识的大门被打开，潜意识给予我们的暗示，能够成功地用新颖的思考习惯代替陈旧的错误的思考习惯。这是给自己或者别人进行暗示治疗的最佳时机。

病人在接受想法和暗示之前,最好先放松下来,保持轻松,放下压力,给自己描绘出想要实现的美好图景。比如,你希望获得健康,那么就将自认为完美的健康情景形象化,完善每一个细节,使它在你心里成为一个鲜明的形象。再如,你希望成功与富有,那么在为了实现这个愿望而采取必要的行动之外,你也需要在想象中描绘一幅美丽的图景。想象自己事业成功,衣食无忧,住着舒适的房子,想象自己身处一个富有的环境,想象一切自己所渴望的事物,等等。

这个过程被心理学家称为"形象化"。不过,有一些形象化能力非常强的人却很难坚持一种想法,大概是因为暗示中一些额外的词分散了他的注意力,所以一定要把精力集中到明确表达你的渴望上面来。在形象化的过程中,不要限制你的想象力,让它自由发挥,什么都可以想。你不必为自己的渴望担忧,也不必紧张,或者感到压力,更不用怀疑。对想象的图景产生怀疑、害怕、担忧等想法,其实都是消极的思想,有可能形成不良暗示。

要点三:深呼吸

无论是几百年前的哲人,还是现代的心理学研究者,都认为"我是……"这种句式是最好的自我肯定。"我是……"是一种通用的自我肯定,是个体的感悟,是自我的表达,它所表达的是统一、和谐以及难以言表的东西。"我是……"这个句式,就是无论我选择什么,我说自己是什么,我就是什么。因为我是无穷力量的象征,没有什么可以阻挡我,它是对"意识掌握命运"这句话的肯定。

进行精神上自我肯定的同时,配合有规律的深呼吸,能够驱散一切恐惧、伤感和疾病,吸引你想要的一切来到自己身边,这种方法不仅可以用在别人身上,也可以用在我们自己身上。

最后，我们再来回顾一下进行暗示的这个过程：放松身体；使脑细胞处于被动接受状态；在想象中绘制渴望实现的图景；将肯定的暗示转化为语言；放空思想，让精神和肉体保持被动接受状态；确信上面这些关键步骤都做完了，暗示就已经植入了。根据暗示的原则，接下来要做的就是休息，不要为结果感到焦虑，焦虑、贪婪和急于求成反而会把事情搞砸。

自我暗示的话语

自我暗示是我们的独白，是我们要对潜意识说的话，那么该说什么，怎么说，很重要，它绝不能是杂乱无章的，而要有突出的目的，便于重复，容易记住，而且还必须遵循一定的规则。

第一，要用"我正在"，而不是"我将会"

也就是说，我们在进行自我暗示的时候，所要表达的是现在的时态，而不是将来的。比如，我们应该说"我现在拥有健康"，而不要说"我将来会拥有健康"。正如库埃要求病人每天早晚对自己进行暗示，关键点就在于"正在"两个字。我们再来回顾一下那句暗示的话："每一天，每一方面，我正在变得越来越好！"

这样做并不是自欺欺人，而是基于这样的事实：想到才能做到。一件事只有首先出现在想象中，然后才能变成现实。

第二，突出目的

肯定我们最为需要的，只谈需求，不谈方法；只要目标，不要细节。比如，你希望自己身心健康，那么就可以这样暗示自己："我很健康，我确实很健康。"这一句就够了，不用再去说怎样才能达到这个目的，或者其他涉及具体方法的东西。

潜意识只需要知道目标就够了,它会自动选择最好的方法。还有,要用肯定的话语说出你的愿望,比如你希望自己勤奋,不必说"我再也不偷懒了",而要说"我非常勤奋,非常能干,我越来越勤奋,越来越能干"。

第三,语句越简短越好

也就是说不必要的细枝末节全都丢掉。比如你心脏不好、肠胃不适、关节疼痛……而你希望这些问题都解决,重新恢复健康,那么在进行自我暗示的时候,不必将这些病痛一一列举,"我的心脏很健康""我的关节不疼了""我的消化很正常",等等。只需要说"我很健康","每一天,每一方面,我都很健康",就够了。"每一方面"它足以包含所有。

第四,富有情感的语言

自我肯定应该是一种清晰地传达出强烈情感的陈述,包含的情感越多,越容易给我们留下深刻的印象。那些冗长、充满理论性的肯定,如果缺少了情感上的冲击力,就无法使潜意识形成深刻的印象。

自我暗示的语言需要具备一定的调动性,能够调动视觉、听觉等感官,形成一种印象。比如,暗示的语言如果富有韵律感,那么它的节奏感、美感将强化它对潜意识的暗示。

第五,选择适合自己的自我肯定

一种自我肯定的方式,能对一个人有效,而对另一个人却完全无效。所以,并没有一种通用的适用于任何人的自我肯定,我们不必对书本上提供的一些自我肯定的语句照本宣科,只要根据自己的实际情况选择最适合自己,能够让自己感到积极、自在的自我暗示方式即可。

第六,专注,然后忘掉

无论做什么事情,专注非常重要。同样的道理,每次在对自己进行自我暗示的时候,一定要专注。所罗门曾说:"正当的渴望应该得到赞许。"

我们将所有的注意力都集中到自我暗示这件事上去，注意力越集中，所期待的结果就出现得越快。当注意力集中之后，满怀信心地对自己进行自我肯定，然后忘了它，给它自由，不要刻意地再去深思。

所谓过犹不及，很多人试图整天都在跟自己交谈，但结果往往适得其反。反反复复地说同一件事，心里想的也是同一件事，这就是我们一再强调要抛弃的刻意为之。结果这些人反而把自己折腾得筋疲力尽，憔悴不堪，身体和精神都非常累。实际上，他们的这种行为是有意识的，不是无意识的或者说潜意识的，而暗示的目标是给潜意识造成影响，所以他们的做法与目的其实是背道而驰的。

怎样使自我暗示更成功

自我暗示并不一定总能取得渴望的结果，原因在于以下几点：

第一，不是每个人都能自觉地给自己足够强的暗示，强到能够让它进入潜意识，有时候一个小的疏忽可能使相反的暗示被引入了，导致结果与期望相反。

第二，当一个人为自我暗示付出了太多的精力时，就会对这件事情格外关注，担心它"最终是否真的会实现"，或者总是在怀疑："真的可以实现吗？我怎么没看到有任何好转的迹象？"他把心思都集中在这个矛盾上。

第三，有的人没办法控制好自己的想象，不是无法想象出渴望实现的事情的形象，就是会想象疾病、灾祸等与原本的期望相反的事情。

所以，一定要相信潜意识的力量，在给了自己或是别人暗示之后，忘记它，不要太在意它，这样才能给自我暗示的成功留下空间。

暗示的关键是重复

暗示和自我暗示与其他精神治疗方法一样,最重要的诀窍就在于两个字:重复。如果你希望自我暗示能够帮助你恢复健康,那么你必须重复、重复、再重复自觉的自我暗示。重复会使暗示进入潜意识,从而产生我们想要的结果。暗示和自我暗示是否能够达到你所期待的结果,说到底起决定作用的还在于我们自己。如果第一次自我暗示训练失败了,不要放弃,再试第二次、第三次。重复、重复、再重复。

有的人每天进行自我暗示的时间可能只有几分钟,而有的人每天都要对自己重复很多次暗示和自我肯定;有的人认为自我暗示需要做两周、三周或四周,而有些人则认为对于自己来说,这个时间最好延长到一个月或几个月。不管时间长短,方式如何,最重要的只有两个字"重复"。

自信不受干扰

其实,自我暗示的作用是激发心底的自信。坚定的自信,将使恐惧和不安失去容身之所,在思想的过程中你就比较安全,不容易伤害自己。不要让别人破坏你对自己、对暗示法则的信仰,不要让别人的想法左右你的目的。我们会成为自己想象中的样子,所以只要去想自己最渴望实现的事情,或最希望得到的东西就够了,不要受到别人的相反的想法的影响。

如果你希望获得健康、成就和快乐,那就不要听信别人的消极的话。在某些情况下,这种消极并不是反对或者完全否定你的观点,而是含有一定鼓励的消极的话语。比如,孩子摔了一跤,跑去找妈妈哭诉,妈妈心疼孩子就说:"宝贝,快给妈妈看看,这下摔得真厉害啊!一定很痛吧,我可怜的孩子。"妈妈的话原本是心疼孩子,可她的话就是消极的言语,她越这么说,孩子哭得就越厉害,因为她的话加剧了孩子心理的痛苦。

同样的情况,如果是心理学家,他会有完全不同的做法:不对这件糟糕的事情表现出伤心,而是亲吻孩子的伤口,告诉他一切都会好的。"只是摔了一下而已,没受什么伤,不要紧,你又可以跑跑跳跳,还可以出去玩的。"于是孩子不再哭泣,也没把摔跤当一回事,笑着又冲出屋子继续玩耍,完全忘了这回事。

在很多事情上,其实孩子与成人是可以类推的。很多人遭受痛苦的时候,第一件事就是去找个人倾诉,或者跟很多人谈论,然而这并不是最好的做法。因为你越是跟别人谈论它,就越容易收获很多不愉快的情绪,反而会强化它。结果,跟别人的讨论反而让你觉得更加痛苦。

在某些慢性疾病患者身上,常常看到这样的情形:病人对自我暗示表示怀疑,不断给自己负面的暗示,于是这种不健康的沮丧情绪几乎可以一直持续下去。他碰到一个人,就会跟那个人讨论关于自己病痛的事。每次和别人谈话之后,他的情况反而变得更糟糕,于是他越发相信自己的病痛是无法消除的。这种沮丧、恐惧、不健康的想法及假设其实形成了一种负面暗示,阻碍了人体的自愈,甚至有可能对人体器官和功能造成直接的危害,将医生和护士的努力,以及前期所做的积极的暗示的努力全部抵消掉了,结果反而使他的病情越发加重。

所以,当你承受着痛苦,而你周围都是一群不谙心理学的人,那么你与其倾诉加强痛苦,倒不如自己安静地待着,平躺下来,身体放松,深呼吸,告诉自己"我很好,我很快乐""我的身体很健康""我很强壮""我很舒服"……运用自我暗示的方法,反复进行,进入潜意识的积极的暗示会帮助你的情绪逐渐平复,心理和身体状态恢复正常。

绝不轻言放弃

没有任何捷径可以实现自我暗示的成功,许多人都是因为沉迷于狂想和幻想奇迹而失败,因此所有的行为学家都警告人们,不要沉迷于狂想和奇迹。然而总有人不肯放弃，不停地思考和彻夜不眠，把他们折磨得身心俱疲。但进行暗示与自我暗示则不能轻易言弃。

一件事情你轻易就放弃，说明你根本不知道自己到底要什么。一旦定好了目标，决定进行自我暗示，就要坚持到底。可能持续了有一段时间，你却没有看到成效，那说明最关键的时刻已经到来了。每个人都有这样的体验：有时候，成功和失败之间只有一小步的距离，甚至两者之间并没有明确的分界线。所以，当你感到失望，正准备放弃的时候，恰恰是最关键，最需要坚持的时候。也许这个时候坚持一下，你想要的结果就会出现了。

潜意识的六大特征

自我暗示，是与自己的潜意识对话。所以，我们要知道潜意识具有哪种特征，才能更好地作用于它。根据现代科学家的总结，潜意识具有六大特征：

第一，拥有巨大力量，比如，心理学家博恩·崔西曾说：潜意识的力量是意识力量的三万倍以上。

第二，潜意识最喜欢寻找有感情色彩的信息。

第三，不辨真假，全盘接受。比如，如果你说"我气死了"的时候，潜意识会认为你真的已经被气死了。这种不良的暗示长期出现，就会导致身体生病。相反，你如果说"我很健康，很幸福"，那么潜意识会引导你的身体素质向着更好的方向发展。

第四，容易受到图像的刺激。比如，山给人高大的暗示，大海给人宽广的暗示，生活中的所有场面随时都有可能进入潜意识，形成自我暗示。

第五,记忆力差,需要经常性地重复刺激。

第六,放松的状态下,信息最容易进入潜意识。

有些思想比起语言来更加真挚,也更加深刻。通常情况下,暗示者与病人的思想之间会存在一种源于心灵的交汇。只有这样,病痛、失意、自卑和抑郁的念头才会消失,取而代之的是新的希望与憧憬。这是病人内心深处,潜意识之中产生微妙变化的过程。

后记 被称为"神"的人
——埃米尔·库埃

库埃先生身材粗壮,略显矮小,看上去安静、结实、有力。他的高额头格外引人注目,略微稀薄的头发梳向后边,胡子又短又硬。

他的头发和胡子早在很多年前就已经变白了,笑起来显得更白。脸庞红润而充满活力,微笑的时候让人觉得特别顽皮。他的眼神充满坦率,流露出对生活的热爱,那脸上带着友善、坚定、温和的表情。他的双眼似乎能洞察一切,总是紧紧地、敏锐地注视着你。有时候,他的眼睛会突然眯得更小,挤出调皮的皱纹。有时他的眼睛几乎闭上了,前额绷紧,看起来似乎有点儿傲慢,但实际上他是在集中注意力。

他的演讲简洁、生动,振奋人心,他习惯于使用那些熟悉的寓言和轶闻趣事。他的行为举止很自然,没有丝毫做作。你可以感觉得到:他是那种随时准备脱掉外套,马上去帮助别人的人。这就是曾经见过埃米尔·库埃先生的人对他的印象。在这个世界上,没有谁比他更容易接近、更可以接近了。

平易近人的天才

库埃先生是英格兰人以及美国人嘴里的那种"白手起家的人"。他从不否认自己出身的低微,让人觉得他其实对人类这个群体充满了某种感情,一种可以被概括为同情心的感情。

1857年2月6日,库埃先生出生在特鲁瓦,他的生日与维克多·雨果是同一天。他的家境十分平凡,父亲是一名铁路工人。但这个年轻人是一个天才,他在挪森赛大学完成了学业。一开始,他准备在没有任何外界帮助的情况下获得理学学士学位,尽管失败了,但这并没有打倒他,他经过不断的努力之后,终于获得了成功。这也是他拥有过人毅力的最好证明。

后来,他到了蒙特迪,因为他的父亲被铁路公司调到那里去工作。不难想象,这个男孩在童年时期,一直从同一个国家的这个小镇转移到另一个小镇,这也是法国东部铁路雇员生活的典型特征。那些铁路工人温和而友好,他们亲切、谦恭、勤劳、尽责、淳朴、正直,没有野心,一言以概之,他们是一群可爱的好乡亲。现在,这个"心理操纵者"已经赢得了很高的声望,但更让我们高兴的是,他身上的那些美好的品性特征并没有改变,包括那些中低阶层民众身上所具备的坚韧和谦虚的美德。有一天晚上,在"维斯联合"俱乐部,弗洛科特先生欢迎库埃先生时说了这样的话:"库埃先生是第一个最惹人喜欢的小伙子的典型。"后来弗洛科特先生用"值得敬仰"一词来评价库埃先生的工作,库埃先生反而觉得这是言过其实,其实他身上所表现出的那种独一无二的谦逊持续了一生。

在成长的过程中,库埃先生已经决定成为一位化学家,但是现实生活不允许他有这种选择,他必须挣钱养活自己。父亲提醒他说:"我们要解决科学事业和物质需要之间的矛盾。"父亲希望儿子去学药物学,这是一种实用性的化学,库埃先生妥协了,但是化学这个层面的知识仍然不能充分地满足这个求知者。

那个时候的库埃先生,我们可以在他身上看到"转换"或者"补偿"的例子,这位心理分析大师通过一些方法使自己的心灵感到愉悦。我们可以设想这样一幅画面：这个年轻人，未来的化学家和现实生活中的药剂师，待在特鲁瓦城实验室里（其实只是间仓库），他缺少成为一个真正的化学家所必备的一切条件，包括专业学习、实验材料等。于是，他直接转向了另一种不需要非常昂贵的设备，也不需要特别的实验室的化学，即关于人类思想和行为的化学，而我们每一个人也都有这样的实验室。

在库埃先生自己看来，他是一个"压抑的"化学家，他曾被"描述为"一个心理学家。我们应该记住这一点，以便于理解他的心理学特征的一个方面。他将心理现实表现为物质的、固体的东西，从传统的方法来看，这是原子化的，与物质或原子排列的方式相同，包括相同的、相对的或超级组合。当他提到"想法""想象"或"意志力"的时候，就像谈起了元素、合成或者反应。他的观点保持着对他那个时代中所有心理学流派的疏远，包括由詹姆斯和伯格森所提出的连续性概念。他的心理学理论保持了自发性的简化，那些傲慢的学者因此而对他的做法嗤之以鼻。

但他显然赢得了人们的称赞：对于理论，他有着严格的期望——一个外科医生的期望。显然，知识分子式的长发并不适合他，他宁愿把它们全都剪掉！他身上那种显著的平民作风，是一个对纯学术不感兴趣的人的"自然反应"。化学之所以吸引他，是因为它是一门可操作性强的实用科学。这使我想起了英格利斯的手提琴。在闲暇的时候，库埃先生就像一个雕刻家，他塑造了好几个头像。对于他来说，他需要处理各种事情。

可能他是用泥巴塑造模型的方式来处理精神方面的事情的，在思想层面，他首先能够看到一种塑造人类身体的力量。他的"英格利斯手提琴"并没有使他脱离他的工作，这一点很容易理解：他的心理学观点是具有可塑性的，这就是他的首创的伟大之所在。

伯格森曾经说过："意识是具有连续性和流动性的，然而，当它希望作用于事物模型和事物本身时，它必须接受自身的固有性和原始的非连贯性，并把它自己也当作空间和物质一样去想象。"一种本质上实用的心理学自然就应该像我曾讲过的这种简要的心理学一样。因此，库埃先生的伟大的导师伯恩·海姆提出了"观念"和"暗示"，这两个定义有些粗糙和矛盾（暗示是一种能够转化为行动的观念）。在库埃先生那里，这一方面的说明则更加清楚。但我们在这里指出他的局限性，并不意味着要全盘否定它。思想强加于它自身的这种局限性，反而使它转化成了更强有力的行动。

寻求暗示"方法"

1885年，作为特鲁瓦城一名小药剂师的28岁的库埃，第一次见到了赖比特。那次会面改变了他的人生。

这两个人之间有着明显的相互仰慕，莱比特只不过是一个乡村医生。他从不夸大自己，也没有野心，偏偏还是个天才。莱比特是第一个清晰地揭示"暗示"这一现象的人，他几乎创造了奇迹。莱比特见到了伯恩·海姆，并成为他的学生，在他的帮助下，莱比特的思想才被世人所了解。莱比特与埃米尔·库埃的经历有点儿相似，他也有着同样温和的举止，他从来不去找别人，但是允许人们去找他。开始找他的都是一些邻居，后来，每个星期都有一些英国人穿过海峡到南锡去拜访他。他天生质朴，就像那些诚实、伟大的人一样，因此他常常对自己的观念正在征服整个欧洲而感到无比惊讶。

库埃先生在给莱比特先生做了一段时间的助手之后，开始阐述并实践催眠暗示，很快他就觉察到了这种方法的可能性。但是在参与了莱比特先生的一些实践之后，他隐约发现他的工作遇到了一个障碍，即"缺乏方法"。

由于现实是反复无常的,因此对"接触"和"处理"的需要很容易与现实产生矛盾。幸好他的毅力、坚定帮助了他,在等待一种实践的方法的时候,在观察中,他充分发挥了自己的天分。这些观察都有着明确的层次(有一天,当这个人自己发现他事先并不需要任何可塑性的训练,就拥有可以塑造头脑的才能时,将会意识到这有多伟大),他的观察力和他的实践能力一样优秀。

在每天简单的观察中,他发现了文献中最新奇、最重要的部分。这件事对于我们来说,也是一个启示。它告诉我们,从某种意义上来说,天才和艺术家每天的观察的价值,也不能被科学研究低估。当然也包括其他过程,但是它的位置无法被取代。常常有这样一种假设:官方的科学训练有着学术性,它教给我们怎样去推理,却常常使我们忘记了包容。我们也提到,继卢梭之后,"新学派"的拥护者所觉察到的体力活动与观察活动之间的关系。发展人类的智力能力时,排除实践方面的训练,有可能削弱观察能力,而这种能力正是智慧的基础。

或许,我们应该再一次感谢命运的打击,正是那些打击使他接受了真正的良好教育。或许我们应该为此高兴,而不是难过。在本应该继续学习的年龄,埃米尔·库埃先生被迫终止了自己的学业。我们应该为他度过的思维活跃的那些岁月而高兴,他在实践中所学到的东西远比在大学里学到的更多。他在科学道路上前进的每一步,都源于他深入生活的核心,因而受到了健康的、充满活力的、自然的沐浴。这才是一种真正的快乐,而人们所鼓吹的那种精英主义的快乐,实际上已经不再被欣赏。

库埃先生的眼睛既调皮又慈祥,更极具洞察力,他用自己的眼睛观察着。而他在自己的工作中发现了一种可以进行永无止境的观察的机会。他治疗过变化无常的行为,见识过那些有着详细说明的药物的疗效,以及无害化合物治好一切肥胖症,这些经历看起来都很普通,但对这位伟大的观察家来说却是非常有益的。青年时期的那些经历,都深深地印在了他的脑海里,储藏在潜意识中。而他的潜意识很清楚,将来的某一天,这一切都会重新迸发,它们将一起成为创建他未来的主题"暗示与自我暗示"的基石。

同时,他的这一理念在南锡学校已经传播开来。而在美国,自我暗示伴随着所有的奉承和各种解读,被大师们所采用并广为流行。库埃先生看着那些大师们的枯燥的文字,思索着或许能从中发现点儿什么。他的长处在于能够从各种良莠不齐的观点中,提取重要的、关键的原理。有一本美国小册子,被他形容为"非常难以消化",书中写到,他从试验中得到了启示,耐心地钻研,他相信自己找到了那种"方法"的必要基础,那个"方法"就是他见到了莱比特之后一直苦苦寻觅的方法。1901年,在清醒的受试者身上做了一系列分等级的暗示实验之后,库埃先生开始运用这种方法对病人进行催眠,并且获得了成功,从此他开始使用催眠术。

与人类的想象力对话

库埃先生那具有个性的观点逐渐明晰起来。这些观点是他的研究性实验与长年累月的日常观察积累相结合的结果,他用这个观点对治疗行为的变化无常和无法预料进行了解释,认为它们都是病人"想象"的结果。它可能是在不同等级的实验中用理论的方法所推导出来的同一想象,推导出的最奇怪的暗示和催眠。这种奇怪的催眠也许是在暗示或催眠下病人所表现出的消极和无力抵抗;也可能是当意识和想象发生冲突时,获胜的往往是想象的体现。现在,这一现象不仅存在于我们经常提到的日常生活中发生的类似冲突和失败的时候,也存在于我们认为"我无法避免"或者"我控制不了"的时候。

后记　被称为"神"的人——埃米尔·库埃

库埃的理论和方法主要来源于两个基本的观点：第一，所有的暗示都是自我暗示。自我暗示不过是大家都熟悉的"想象（潜意识）"或"心理"行为，但是自我暗示要遵循某种特点的规律，并且它的力量远比我们过去所想象的更为强大，而且更难控制。第二，意识被想象所压制。这个观点是第一个观点的必然推论。既然在暗示中起作用的并不是暗示者的行为，而只不过是受试者的想象，那么在暗示与催眠的过程中，所有实践者之间的强烈而真实的冲突并不是两者意识的冲突，而是受试者自身的想象与意识之间的冲突。

看起来，第二个基本观点才是库埃先生观点的基础，也是成绩斐然的一个。他对这个观点进行了非常准确而透彻的研究，并总结出了一条规律，即意识转换规律。根据这一点可以得知：意识丝毫无法影响暗示，当它试图阻挠暗示时，它反而会加强暗示的力量。这就像一个刚学会骑自行车的人看到路上有一块石头，他担心被这块石头绊倒，于是努力想要避开它，结果还是撞了上去。同样的道理，一个人越是想要逃避恐惧，反而越容易恐惧；他越是想要控制大笑，反而笑得更厉害。

毫无疑问，这条规律也可以这样表述：当潜意识与意识之间发生冲突时，占上风的往往是潜意识。意识只有借用自己的武器才能够战胜潜意识。这些都发生在自我暗示的研究中。

当受试者在想象中已经意识到这个巨大的杠杆后，库埃先生放弃了催眠法，然后告诉受试者怎样运用自我暗示。在做这些事情的过程中，他证明了自己是正确的。1910年，库埃的体系逐渐成熟，他建立了"新"南锡学校，并广为人知。该校所开展的工作卓有成效，被人们称为"南锡奇迹"。

追随库埃先生的人群数量庞大，他因此受到责备。无论他走到哪里，这种胜利的喧嚣、欢迎的浪潮都跟随着库埃先生,吓跑了那些所谓的文雅之士和保守派。在反对者眼里,库埃先生的举止都只是表演和骗术,而对于那些了解库埃先生的人来说,那些对这位伟大、善良而谦虚的人的误解,实在是让人失望。

不过,当那些"有教养的人"捂着他们的脸,并大声嚷嚷着"骗子"时,库埃先生仍然平静地走着自己的路,因为他知道他没办法迎合整个世界,甚至无法取悦他的妻子。

樊捷、高秀荣、熊亚辉、张凯、朱杰、李瑞敏、张丽、周蕾、张君桂、潘超、郑娟、李璇参与了本书的翻译。囿于时间和所学有限,翻译过程中可能出现纰漏,敬请方家不吝赐教。